FRAU UND VERSICHERUNG

annabelle

Frau und Versicherung

Tips, Beispiele, Ungerechtigkeiten

Von Georges Wüthrich

WERDVERLAG

Fachliche Unterstützung:
Helvetia Versicherungen, St. Gallen
Patria Versicherungen, Basel
Helvetia Krankenkasse, Zürich
Gesamtberatung:
Richard Wiederkehr, Helvetia Versicherungen

Alle Rechte vorbehalten, einschliesslich
derjenigen des auszugsweisen Abdrucks
und der photomechanischen Wiedergabe

© 1993 Werd Verlag/annabelle, Zürich

Lektorat: Christina Sieg, Berikon
Umschlaggestaltung: H.+C. Waldvogel, Zürich
Gestaltung: Albin Koller, Berikon
Illustrationen: Orlando Eisenmann, Luzern

Printed in Switzerland

ISBN 3 85932 099 8

Inhalt

Eine Lücke?	
Zahllose Lücken!	7
Editorial	

WACKLIGE VORSORGE	
AUF DREI SÄULEN	9
1. Säule:	
Zementierte Rollenbilder	12
2. Säule:	
Kitt für Frauen notwendig	16
3. Säule:	
Bank oder Versicherung?	20
Unfall:	
Noch die Beste im Land	24
Krankheit:	
Vorsicht Falle!	28
Mutterschaft:	
Ein Trauerspiel	32

DREI FRAUEN, DREI	
FÄLLE AUF EINEN BLICK	***34***
2. Säule	36
Unfall	38
Krankheit	40
Mutterschaft	42
Invalidität durch Unfall	44
Invalidität durch Krankheit	46
Tod	48
Unfall des Partners	50
Krankheit des Partners	51
Partner: invalid durch Unfall	53
Partner: invalid durch Krankheit	54
Tod des Partners	56
Trennung/Scheidung	57
Stellenwechsel/Wiedereinstieg	59
Arbeitslosigkeit	61
Pensionierung	63
Pension nach Scheidung	65

SO WERDEN DIE	
LÜCKEN GESCHLOSSEN	***66***
Durchblick im Konkubinat	68
Die Situation des Singles	72
Verheiratet…	74
…und geschieden	78

Verheiratet, teilweise erwerbstätig, ohne Kinder	80	**FÜNF CHECKLISTEN FÜR ALLE FÄLLE**	**104**
Selbständige Unternehmerin	82	Todesfall	105
Mitarbeit im Betrieb des Mannes	83	Heirat	106
		Konkubinat	107
		Scheidung	108
		Geburt	109

DER RESTLICHE VERSICHERUNGSORDNER 85

Reiseversicherung:
Oft unterschätzt 87

Hausrat:
Nicht zuviel, nicht zuwenig 90

Schmuckversicherung:
Sicher ist sicher 92

Privathaftpflicht:
Ein Muss für alle 94

Motorfahrzeuge:
Frauen zahlen zuviel 96

Rechtsschutz:
Immer wichtiger im Leben... 98

Haustiere:
Je teurer die Lieblinge... 100

Die Vorsorge ist im Erbrecht privilegiert 102

AUSBLICK: ES BLEIBT NOCH VIEL ZU TUN **111**

Abkürzungsverzeichnis 114
Wichtige Adressen 115

Eine Lücke?
Zahllose Lücken!

«annabelle» hat eine Lücke entdeckt: Auf wichtige Fragen fehlen die richtigen Antworten. Das Thema: die finanzielle Vorsorge der Frau. Wundert das? Zwei sperrige Bereiche kommen sich zwingend in die Quere – die noch nicht verwirklichte Gleichstellung der Frau und ein Versicherungswesen, das auf den Mann zugeschnitten ist. Eine Lücke? Zahllose Lücken! Mit diesem Buch geben wir Frauen eine Chance, ihre Vorsorge zu überprüfen – und zu verbessern. Erstmals. Klipp und Klar. Wir wollen die Frauen ermutigen, ihren Versicherungsschutz selbst an die Hand zu nehmen. Versorgt mit den besten Informationen, ganz ihren individuellen Bedürfnissen entsprechend. Die Vorsorge-Fallen für Frauen hat die männlich dominierte Politik gestellt. Sie müssen aus der Welt geschafft werden. Dieser Prozess wird Zeit und damit Geduld beanspruchen. Deshalb lassen wir es nicht bei Forderungen bewenden, was der Staat zu ändern hat. Wir tun etwas in der Zwischenzeit. Konkret. Wir zeigen auf, wie Frauen im Rahmen ihrer finanziellen Möglichkeiten auf eigene Faust ihren Versicherungsschutz verbessern können. Denn es gibt diese massgeschneiderten Lösungen: In unserem Buch «Frau & Versicherung».

Gina Gysin
Chefredaktorin «annabelle»

Wacklige Vorsorge auf drei Säulen

Existenzsicherung auf drei Säulen. Fortsetzung der gewohnten Lebenshaltung in angemessener Weise. Solche Sätze tönen gut. Für viele Schweizerinnen und Schweizer stimmen sie auch. Für manche sind sie jedoch nur graue Theorie. Weil das ganze «Drei-Säulen-Prinzip» – AHV, Pensionskasse, private Vorsorge – auf der Berufstätigkeit aufgebaut ist, greift es für Frauen nicht genügend. Vor allem Mütter, die nicht mehr berufstätig sind, und geschiedene Frauen haben das Nachsehen. Sie sind die Betrogenen.

Die Idee ist 20 Jahre alt und in der Bundesverfassung verankert: Wer alt wird, soll von einem «Drei-Säulen-Vorsorgekonzept» profitieren können, das die «Fortsetzung der gewohnten Lebenshaltung in angemessener Weise» ermöglicht.

Die erste Säule steht auf staatlichem Grund: Sie setzt sich aus der Alters- und Hinterlassenenversicherung (AHV) und der Invalidenversicherung (IV) zusammen. Finanziert wird sie durch gemeinsame Lohnprozente der Arbeitnehmer und Arbeitgeber sowie staatliche Beiträge.

Die zweite Säule bauen Arbeitnehmer und Arbeitgeber gemeinsam auf: Sie besteht aus den Pensionskassen, die im Bundesgesetz über die berufliche Alters-, Hinterlassenen- und Invalidenvorsorge (BVG) geregelt sind, und aus der obligatorischen Unfallversicherung (UVG). Die Finanzierung erfolgt über Lohnprozente, die sich Arbeitnehmer und Arbeitgeber aufteilen.

Die dritte Säule ist dem privaten Sparvermögen überlassen. Versicherer ist hier nicht mehr der Staat, sondern die privaten Versicherungsgesellschaften und die Banken.

Die Idee ist gut. Nur funktioniert sich nicht überall. Vor allem Frauen haben einmal mehr das Nachsehen. Selbst in der 1. Säule kommen noch längst nicht alle Frauen auf die vollen Leistungen. Sie sind zum Teil krass benachteiligt. Die Rentenbemessung ist in einigen Fällen sogar diskriminierend. Ungerecht behandelt werden vor allem haushaltführende Ehepartnerinnen, die nach der Heirat die Erwerbstätigkeit aufgegeben haben. Weil Frauen generell weniger verdienen als die Männer, sind die Rentenleistungen auch kleiner.

Das «Drei-Säulen-Konzept» nimmt auch keine Rücksicht auf das neue Eherecht. Es wurzelt in der überholten Rollenteilung der Jahrhundertwende. Das Rückgrat bildet die Versorgerehe: Der Mann verdient, die Frau und die Kinder sind über ihn mehrheitlich gut gegen Invalidität und Tod versichert. Ausnahme: Invalidität im Krankheitsfall, wie noch zu sehen sein wird. Für ein finanziell gesichertes Alter ist ebenfalls vorgesorgt.

Doch die Versorgerehe ist längst nicht mehr die Regel. Die Haushaltführung wird immer mehr zwischen Frauen und Männern aufgeteilt. Ehen werden geschieden. Der Schutzmechanismus der Versorgerehe kann gar nicht mehr funktionieren. Vor allem nach Scheidungen kommt das «Drei-Säulen-Konzept» arg ins Wanken. Die meisten geschiedenen Frauen müssen sich mit minimalen Altersrenten aus der AHV begnügen. Die 2. Säule existiert oft gar nicht mehr oder trägt kaum etwas zur Existenzsicherung bei. Der Teufelskreis schliesst sich. Die finanziellen Möglichkeiten von geschiedenen Frauen erlauben den Aufbau einer 3. Säule vielfach gar nicht mehr. Das schöne «Drei-Säulen-Konzept» sackt in sich zusammen. Seit dem 1. Januar 1994 ist die Situation für die geschiedenen Rentnerinnen etwas besser: Für jedes Jahr, das sie Kinder unter 18 Jahren erzogen haben, wird ihnen auf dem AHV-Konto ein Bonus gutgeschrieben. Dadurch werden die Renten etwas höher.

Ergänzt wird das schweizerische Sozialversicherungssystem durch die Krankenversicherung und das Bundesgesetz über die Unfallversicherung (UVG) sowie erste, bescheidene Ansätze zu einer Mutterschaftsversicherung. Während das UVG einen recht guten Schutz bei vorübergehender Erwerbsunfähigkeit, Invalidität und Tod durch Unfall bietet, sind die Maschen der Krankenversicherung äusserst reparaturbedürftig.

Der Satz ist makaber, aber wahr: In der Schweiz sollte man besser verunfallen als erkranken. Diese Sicht des staatlichen Versicherungsgebäudes beruht auf den gesetzlich festgelegten Mindestleistungen. In der 2. Säule gehen viele, vor allem grössere Pensionskassen freiwillig über die minimalen Anforderungen hinaus. Trotzdem ist es legitim, den Vorsorgebereich auf dem gesetzlichen Minimum auszuloten – gerade aus der Sicht der Frauen!

FAZIT

1. Säule
AHV/IV. Staatlich geregelte Versicherung gegen Tod und Invalidität sowie für die Altersvorsorge. Finanziert wird sie durch gemeinsame Lohnprozente der Arbeitnehmer und Arbeitgeber sowie staatliche Beiträge.

2. Säule
BVG. Rein betriebliche Vorsorge, die ebenfalls durch gemeinsame Lohnprozente finanziert wird, und obligatorische Unfallversicherung.

3. Säule
Private Vorsorge bei Banken und privaten Versicherungen. Zum Teil steuerbegünstigt.

1. Säule: Zementierte Rollenbilder

Sie stammt aus dem Jahre 1948 und hat ihre Grundphilosophie trotz neun Revisionen bis heute kaum verändert – die Eidgenössische Alters- und Hinterlassenenvorsorge (AHV). Der Mann als Versorger einer Familie kann, wenn er lückenlos AHV-Beiträge bezahlt, sowohl für sich als auch für seine Ehefrau und die Kinder den dringendsten Vorsorgeschutz recht gut aufbauen. Geschiedene Frauen, alleinerziehende Mütter und Frauen mit traditionell tiefen Löhnen haben das Nachsehen.

Die AHV versichert die ganze Bevölkerung obligatorisch gegen die Risiken Alter und Tod. Ihr angegliedert ist die Eidgenössische Invalidenversicherung (IV), die das Risiko Invalidität abdeckt. Beide bilden zusammen mit der Erwerbsersatzordnung (EO) die 1. Säule. Die Erwerbsersatzordnung vergütet Verdienstausfälle durch den Militärdienst und den Zivilschutz. Finanziert wird die 1. Säule durch gleich hohe Beiträge der Arbeitgeber und der Arbeitnehmer. Zur Zeit zahlen beide je 5,05 Lohnprozente. Es gibt keine Lohnbegrenzungen nach oben. Damit wird eine ausgeprägte Solidarität der besser Verdienenden mit Kleinverdienern erzielt – vor allem, weil das Einkommen nur bis zu einer oberen Grenze von 67 680 Franken Renten bildet. Darüber hinausgehende Beiträge fliessen in den grossen AHV-Finanzierungstopf. Das Rentenalter für Frauen beträgt 62, für Männer 65 Jahre. Kompliziert ist an der 1. Säule die Rentenberechnung. Massgebend für die Rentenformel sind die beiden Faktoren Beitragsdauer und Beiträge. Die Beitragsdauer muss möglichst lückenlos sein. Andernfalls werden die Renten gekürzt. Beitragslücken sollten deshalb unbedingt vermieden werden. Dies ist vor allem für geschiedene Frauen, Ehefrauen von nicht versicherten Männern, Hausmänner und Frauen auf längeren Reisen wichtig: Mit dem AHV-Mindestbeitrag von 360 Franken pro Jahr können Beitragslücken vermieden werden.

Wichtig für Frauen ist, dass verheiratete Frauen und Witwen ohne Erwerbstätigkeit keine AHV-Beiträge zahlen müssen. Sie erhalten dadurch in ihrer Beitragsdauer keine Lücken. Ehejahre zählen als Beitragsjahre. Weil bezahlte und unbezahlte Arbeit in unserem sozialen Netz nicht gleichwertig sind, müssen von den AHV-Spezialisten alle erdenklichen «Berechnungskniffe» angewendet werden, um die allergrössten Ungerechtigkeiten aus der Welt zu schaffen. Dabei wird in der Regel für die Erziehungs- und Hausarbeit mehr Zeit aufgewendet als für die entlöhnte Arbeit!

Aus der AHV/IV werden Ergänzungsleistungen ausgerichtet, wenn Bezüger von AHV- und IV-Renten kein existenzsicherndes Einkommen haben. Alleinstehende erhalten diese Ergänzungsleistungen, wenn ihr Jahreseinkommen weniger als 16 140

Franken beträgt. Ehepaare, wenn sie weniger als 24 210 Franken, und Waisen, wenn sie weniger als 8070 Franken bekommen.

Einfache Altersrente

Die einfache Altersrente wird an alle über 62jährigen ledigen, verwitweten oder geschiedenen Frauen und alle 65jährigen ledigen, verwitweten oder geschiedenen Männer ausbezahlt. 65jährige, verheiratete Männer erhalten ebenfalls eine einfache Rente, wenn ihre Ehefrau noch nicht 62 Jahre alt ist. Verheiratete Frauen erhalten die einfache Altersrente, solange der Mann noch nicht 65 ist. Danach kommt die Ehepaarrente zum Tragen.

Die einfache Altersrente beträgt mindestens 940 Franken und höchstens 1880 Franken pro Monat. Pensionierte Männer mit jüngeren Frauen erhalten eine Zusatzrente für die Ehefrau, sobald diese das 55. Altersjahr zurückgelegt hat. Diese Zusatzrente beträgt 30 Prozent einer einfachen Altersrente.

Ehepaarrente

Die Ehepaarrente wird ausbezahlt, wenn der Ehemann das 65. Altersjahr zurückgelegt hat und die Ehefrau das 62. Altersjahr. Sie beträgt 150 Prozent einer einfachen Altersrente, also 1410 Franken im Minimum und 2820 Franken im Maximum. Seit 1993 muss sie je hälftig an die Ehefrau und den Ehemann ausbezahlt werden.

Weil eine Ehefrau ohne Beitragslücken die Beitragslücken eines Mannes nicht füllen kann, erleiden Ehepaare spürbare Einbussen, wenn der Ehemann Hausmann, Ausländer oder Auslandschweizer ist und entsprechende Beitragslücken aufweist.

Zu den einfachen Altersrenten oder Ehepaarrenten können noch Kinderrenten bezogen werden: für Kinder bis zum vollendeten 18. Altersjahr und während der Ausbildung längstens bis zum vollendeten 25. Altersjahr. Kinderrenten betragen 40 Prozent einer einfachen Rente.

Witwenrenten

Alle Witwen, die zum Zeitpunkt des Todes ihres Mannes minderjährige oder erwachsene Kinder haben, erhalten eine Witwenrente. Witwen ohne Kinder bekommen eine Witwenrente, wenn sie beim Tod des Mannes das 45. Altersjahr zurückgelegt haben und mindestens fünf Jahre verheiratet waren. Witwen ohne Kinder, die diese Bedingungen nicht erfüllen, erhalten eine einmalige Witwenabfindung. Die Witwenrente beträgt 80 Prozent der einfachen Altersrente des verstorbenen Mannes. Die Höhe der Witwenabfindung bewegt sich zwischen einer doppelten und fünffachen Jahres-Witwenrente. Achtung: Die AHV kennt noch keine Witwerrente!

Waisenrenten

Halbwaisen erhalten 40 Prozent einer einfachen Altersrente, Vollwaisen 60 Prozent. Bei der Berechnung der Waisenrenten gibt es eine Ungerechtigkeit. Bei Vaterwaisen sind die Beitragsdauer und die Beiträge beider Elternteile massgebend, bei Mutterwaisen lediglich die Beitragsdauer und die Beiträge der Mutter. Die Ehejahre gelten bei Mutterwaisen als Beitragslücken…

Renten geschiedener Frauen

Die einfache Altersrente von geschiedenen Frauen war bis anhin trotz aller «Berechnungskniffe» kaum höher als die einfache Minimalrente, wenn die Frauen lange nicht mehr erwerbstätig waren und Kinder hatten. Als Berechnungsgrundlage gelten nur ihre eigenen Beiträge vor und nach der Ehe sowie ihre eigene Beitragsdauer. Bei der Beitragsdauer gelten Ehejahre als Beitragsjahre.

Ab dem 1.1.1994 wird diese Ungerechtigkeit etwas entschärft: Dann wird ihnen für jedes Jahr Kindererziehung ein Bonus von 33 840 Franken (Höhe einer maximalen Ehepaarrente) auf dem AHV-Konto gutgeschrieben, was die Renten wieder in die Nähe von Maximalrenten bringt. Geschiedene Frauen erhalten eine Witwenrente, sofern die Ehe mindestens zehn Jahre gedauert hat und der geschiedene Mann Unterhaltsbeiträge zahlen musste. Der Anspruch besteht nicht, wenn sie nach der Scheidung wieder geheiratet hat.

FAZIT

Einfache AHV-Altersrenten
Minimum: 940 Franken
Maximum: 1880 Franken

Ehepaarrenten
Minimum: 1410 Franken
Maximum: 2820 Franken

Die meisten AHV- und IV-Leistungen müssen beantragt werden. Melden Sie sich bei Ihrer AHV-Ausgleichskasse. Die zuständige Ausgleichskasse finden Sie wie folgt: Merken Sie sich die neuste Nummer auf Ihrem AHV-Ausweis und schlagen Sie auf den letzten beiden Seiten im Telefonbuch unter dieser Nummer nach.

2. Säule: Kitt für Frauen notwendig

Zwiespältige 2. Säule: So komfortabel die Pensionskassen für viele geworden sind, so wacklig sind sie für andere geblieben. Kitt benötigt die 2. Säule vor allem aus Frauensicht. Teilzeiterinnen und geschiedene Frauen müssen besser von ihr profitieren können. Die Barauszahlungen von Pensionskassengeldern an frisch verheiratete Frauen, die ihre Berufstätigkeit nach der Hochzeit aufgeben, müssen gestoppt werden. Berufstätige Frauen sind ebenso von den «goldenen Fesseln» betroffen wie die Männer.

Wer in der Schweiz erwerbstätig ist, hat theoretisch eine gute Chance, mit der 2. Säule seinen Lebensstandard in «angemessener Weise» fortsetzen zu können. Seit 1985 sind alle Arbeitgeber verpflichtet, eine Pensionskasse zu führen, die mit Arbeitnehmer- und Arbeitgeberbeiträgen finanziert wird. Sie müssen neben Altersrenten auch Witwen-, Waisen- und Invalidenrenten ausrichten. Nur wenige Kassen kennen auch schon Witwerrenten.

Zahlreiche Pensionskassen versichern die Belegschaft nur auf dem gesetzlichen Minimum: Versichert werden müssen nur Löhne bis zu einer oberen Grenze von 67 680 Franken pro Jahr. Wer mehr verdient, profitiert je nach Kasse für die 2. Säule nicht mehr. Die Lohnprozente werden allerdings nicht auf dem effektiven Lohn erhoben. Zuerst werden in jedem Fall 22 560 Franken abgezogen, exakt der Betrag einer einfachen, maximalen Altersrente der AHV. Dieser Abzug koordiniert die Leistungen der Pensionskasse mit jenen der AHV/IV, da sonst beide Renten zusammen zu hoch ausfallen würden. Erst vom Restbetrag werden die Lohnprozente abgerechnet. Weil gesetzlich nur die Löhne bis zur erwähnten Maximalgrenze von 67 680 Franken versichert werden, beträgt der Maximalbetrag, von dem Lohnprozente abgezogen werden können, 45 120 Franken.

Wer weniger als 22 560 Franken verdient, kommt nicht in den Genuss einer 2. Säule. Eine Ungerechtigkeit, die vor allem Teilzeiterinnen trifft. Es gibt allerdings Pensionskassen, die Teilzeiterinnen unterhalb dieser koordinierten Lohngrenze freiwillig aufnehmen.

«Freiwillig» ist überhaupt ein wichtiger Begriff in der ganzen Pensionskassenthematik. Viele Kassen, vor allem grössere, gehen über das gesetzliche Minimum hinaus, bei entsprechend höheren Lohnprozenten. Die Folge sind sehr unterschiedliche Reglemente. Jede Arbeitnehmerin sollte deshalb das Reglement ihrer Pensionskasse kennen und sich erklären lassen!

Aus Frauensicht sind zwei BVG-Eigenheiten gesetzlich noch immer nicht gelöst: Einerseits die Barauszahlungen der Pensionskassengelder bei Aufgabe der Erwerbstätigkeit infolge Heirat und andererseits der «Zugriff» geschiedener Frauen auf die Pensionskassengelder des früheren Ehemannes.

Die Barauszahlung infolge Heirat ist nicht ratsam. Es ist viel vorausschauender, die Gelder auf einem Freizügigkeitskonto anzulegen, als sie in die Aussteuer zu stecken. Wenn die Frau bis zur Pensionierung verheiratet bleibt, sind die inzwischen beträchtlich angewachsenen Gelder eine willkommene Aufbesserung der Renten.

Besonders wichtig ist diese Anlage für geschiedene Frauen. Sie können im Alter sehr unsanft durch die Maschen unseres sozialen Netzes fallen. Regelrechte Verarmungen sind möglich. Eine relativ kleine Freizügigkeitsleistung von 10 000 bis 20 000 Franken wächst im Laufe der Jahre durch die Verzinsung auf einen erklecklichen Betrag an.

Erst mit dem neuen Freizügigkeitsgesetz, das voraussichtlich 1995 in Kraft treten wird, sind Barauszahlungen infolge Heirat nicht mehr möglich. Die Freizügigkeitsleistungen müssen dann von Gesetzes wegen in ein Sperrkonto fliessen.

Auch der «Zugriff» geschiedener Frauen auf die Pensionskassengelder des Mannes wird dann endlich geregelt. Auf richterlichen Beschluss können die während der Ehe angesammelten Pensionskassengelder hälftig zwischen Mann und Frau aufgeteilt werden. Entweder werden sie auf die Pensionskassen der geschiedenen Ehegatten verteilt oder die eine Hälfte fliesst auf ein Freizügigkeitskonto der Frau, wenn sie weiterhin nicht berufstätig ist.

Solange das Gesetz noch nicht greift, ist es bei einem Scheidungsverfahren ratsam, die während der Ehe angehäuften Pensionskassengelder des Mannes bei der Festsetzung von Abfindungen und Unterhaltszahlungen unbedingt zu berücksichtigen!

Die 2. Säule unterscheidet Leistungsprimatkassen und Beitragsprimatkassen. Kassen mit dem Leistungsprimat garantieren den Arbeitnehmerinnen und Arbeitnehmern nach der Pensionierung eine Altersrente von einem bestimmten Prozentsatz des letzten Lohnes. Diese Kassen versichern deshalb meist auch Löhne über dem gesetzlichen Minimum. Beitragsprimatkassen arbeiten nach dem Sparschweinprinzip und äufnen die Arbeitgeber- und Arbeitnehmerbeiträge samt Zins. Die Höhe der Rente ist dann von der ersparten Summe abhängig. Diese Kassenart wählen vor allem kleinere Betriebe. Sie bewegen sich meist im Rahmen des gesetzlichen Minimums.

Deshalb spricht man auch von BVG-Normkassen. Beitragsprimatkassen müssen bei einem Stellenwechsel in aller Regel sowohl alle Arbeitnehmer- als auch sämtliche Arbeitgeberbeiträge für die nächste Kasse mitgeben. Hier spricht man von voller Freizügigkeit. Leistungsprimatkassen lösen immer wieder Diskussionen aus, weil sie die volle Freizügigkeit vielfach nicht gewähren, respektive von ihrer finanziellen Leistungskraft her gar nicht gewähren können. Diese Kassen geben austretenden Mitarbeiterinnen und Mitarbeitern vielfach nur die Arbeitnehmerbeiträge voll mit. Die Arbeitgeberbeiträge werden je nach Dauer des Arbeitsverhältnisses nur zum Teil in die neue Kasse überwiesen. Leistungsprimatkassen sind jedoch verpflichtet, eine Schattenrechnung durchzuführen, wie gross die Freizügigkeitsleistung nach dem gesetzlichen BVG-Minimum wäre. Diese Summe muss in jedem Fall mitgegeben werden. Der darüber hinausgehende, reglementarisch festgelegte Arbeitgeberanteil muss ebenfalls ausbezahlt werden. Problematisch werden diese «goldenen Fesseln», wenn die neue Kasse bessere Leistungen kennt als die alte. Dann fehlen bei einem Stellenwechsel oft enorme Summen für einen Einkauf in die neue Pensionskasse. Auch das neue Freizügigkeitsgesetz von 1995 wird diese «goldenen Fesseln» nicht ganz sprengen. In den Genuss der vollen Freizügigkeit kommen austretende Arbeitnehmerinnen und Arbeitnehmer erst im Alter von 45 Jahren. Unterhalb dieser Altersgrenze nimmt die Freizügigkeit pro Jahr um 4 Prozent ab. Alter 45: 100 Prozent Freizügigkeit. Alter 40: 80 Prozent. Alter 35: 60 Prozent. Alter 30: 40 Prozent. Alter 25: 20 Prozent bis Alter 21: 4 Prozent.

FAZIT

BVG-Zahlen

Untere Lohngrenze:
22 560 Franken

Obere Lohngrenze:
67 680 Franken

Maximum koordinierter Lohn, auf dem die Arbeitgeber- und Arbeitnehmerbeiträge abgerechnet werden:
45 120 Franken

Unbedingt Pensionskassen-Reglemente studieren und sich von einer Fachperson erklären lassen. Wenn nötig nachfragen!

3. Säule: Bank oder Versicherung?

Wenn der Staat mit seinem Gesetzeslatein am Ende ist, beginnt die Eigenverantwortung oder, weniger vornehm ausgedrückt, der Griff ins eigene Portemonnaie. Dieser Griff zum privaten Geld segelt in der Schweizer Vorsorge unter dem Begriff «3. Säule». Der Staat hilft insofern noch mit, als er die private Vorsorge zum Teil steuerlich begünstigt. Allerdings kommen nur jene in den Genuss dieser Vergünstigungen, die im klassischen Sinne erwerbstätig sind. Hausfrauen nicht!

Überall dort, wo die staatliche und betriebliche Vorsorge mangelhaft und lückenhaft ist, soll die 3. Säule vorsorgen: Selbstverantwortung ist gefragt. Private Sparanstrengungen sind notwendig. Der Staat hilft insofern mit, als er das private Sparen in der 3. Säule zum Teil steuerlich begünstigt. Privates Sparen ist allerdings nur möglich, wenn die finanziellen Mittel dafür vorhanden sind. Genau da beginnt ein Teufelskreis zu wirken. Die grössten Lücken in der staatlichen und betrieblichen Vorsorge weisen meist die Konten der Kleinverdienerinnen auf. Sie hätten den grössten Bedarf für eine 3. Säule – und können sie nicht finanzieren... Dieser Ratgeber wird deshalb sorgfältig herausarbeiten, wo ein besserer privater Vorsorgeschutz im Rahmen der 3. Säule trotz geringer finanzieller Möglichkeiten doch noch verkraftbar ist.
Die 3. Säule besteht genaugenommen aus zwei Säulen: aus der gebundenen und der freien. Die Fachleute sprechen auch von der Säule 3a (gebundene) und der Säule 3b (freie).
Das Sparkapital der gebundenen 3. Säule wird, von einigen Ausnahmen abgesehen, frühestens fünf Jahre vor Erreichen des AHV-Alters als Kapital ausbezahlt. Das Kapital kann auch in eine Rente umgewandelt werden. Die Säule 3a führt zu einem gewissen Sparzwang, weil regelmässige Prämienzahlungen auf eine Versicherungspolice oder ein Bankkonto notwendig sind, um das Sparziel zu erreichen. Die freie 3. Säule ist flexibler, sowohl von den Einlagen als auch von der Laufzeit her. Im weitesten Sinn gehört das gesamte private Sparen dazu, vom Aktienbesitz über Sparhefte bis zum Immobilienbesitz. Im Versicherungsbereich ist die klassische Lebensversicherung die häufigste Form.
Die gebundene Vorsorge ist steuerlich begünstigt: Unselbständigerwerbende können zur Zeit maximal 5414 Franken Jahresprämie auf der Steuererklärung abziehen. Selbständigerwerbende 20 Prozent des AHV-pflichtigen Einkommens bei einem Maximalsatz von 27 072 Franken, als Ersatz für die fehlende 2. Säule. Stossend ist, dass diese Steuerbegünstigung an die Erwerbstätigkeit gebunden ist. Mit anderen Worten: Eine Hausfrau, die nicht berufstätig ist, kommt nicht in den Genuss der Steuervergünstigungen! Eine klare Diskriminierung der Hausfrau, die ein Bun-

desgerichtsurteil wert wäre.
Das Versicherungssparen im Rahmen der freien 3. Säule ist nur bedingt steuerbegünstigt. Prämien für Lebensversicherungen können im Rahmen des Pauschalabzuges für Versicherungsprämien zwar auf der Steuererklärung deklariert werden. Weil jedoch heute viele Haushalte den abziehbaren Maximalbetrag allein schon mit den Krankenkassenprämien erreichen, ist diese Steuerbegünstigung meist nur theoretisch. Der Rückkaufswert der Lebensversicherungen ist vermögenssteuerpflichtig. Die Auszahlungen der beiden Säulenteile werden wie folgt besteuert:

Die Kapitalauszahlungen der gebundenen Vorsorge werden zu einem reduzierten Einkommenssteuersatz besteuert, bei der direkten Bundessteuer und in den meisten Kantonen getrennt vom übrigen Einkommen. Vermögenssteuern müssen keine bezahlt werden, und während der Laufzeit sind die Überschüsse und Zinserträge verrechnungs- und einkommenssteuerfrei.
Kapitalauszahlungen von Lebensversicherungen bei der freien Vorsorge sind einkommenssteuerfrei.
Bank oder Versicherung? Diese Frage wird vor dem Aufbau einer gebundenen 3. Säule oft gestellt. Bei näherer Betrachtung stellt sich schnell einmal heraus, welche Sparform für welche Situation besser geeignet ist. Gesetzlich sind beide Möglichkeiten gleich geregelt. Sowohl die Steuerbegünstigung als auch der früheste Auszahlungstermin sind gleich.

Steuerersparnis in der 3. Säule

für Unselbständigerwerbende

Jährliche Steuerersparnis für den maximalen Abzug von 5414 Franken (berufstätige verheiratete oder ledige Frau, reformiert, wohnhaft in Zürich)		
Steuerbares Einkommen	verheiratet	ledig
65 000	1026	1349
85 000	1431	1580
100 000	1703	1733
150 000	2085	2096
Jährliche Steuerersparnis für einen Abzug von 2500 Franken (berufstätige verheiratete oder ledige Frau, reformiert, wohnhaft in Zürich)		
Steuerbares Einkommen	verheiratet	ledig
45 000	506	509
55 000	510	557
65 000	563	628

für Selbständigerwerbende

Jährliche Steuerersparnis für den maximalen Abzug von 27 072 Franken		
AHV-pflichtges Einkommen	verheiratet	ledig
150 000	10 179	10 903

Quelle: Patria Versicherungen

Für die Versicherungslösung spricht: Zur Sparversicherung können relativ günstige Zusatzversicherungen gegen die Risiken Invalidität und Tod abgeschlossen werden. Dies ist beim Banksparen über eine separate Versicherungspolice selbstverständlich auch möglich, es ist jedoch teurer. Die meisten Versicherungen bieten zudem Gesamtberatungen an. Die Kundin wird zu Hause durch Vorsorgespezialisten beraten, die in aller Regel fundierte Kenntnisse über das Sozialversicherungssystem besitzen. Nach dem Abschluss wird diese Beratungstätigkeit fortgesetzt. Es ist klar, dass diese Beratung nicht gratis ist. Die Gesellschaften kalkulieren sie in den Prämien ein.

Das Versicherungssparen unterliegt einem grösseren Sparzwang, weil sich die Versicherte zu regelmässigen Prämienzahlungen verpflichten muss, wenn sie die Versicherungssumme erreichen will und der vereinbarte Risikoschutz funktionieren soll.

Für die Banklösung spricht: Mit reinem Banksparen wurde bisher eine höhere Rendite erzielt. Diese kann allerdings stark schwanken, und es besteht auch keine Minimalgarantie für die Verzinsung. Ein Teil der Rendite beim Versicherungssparen geht durch die persönliche Beratung und die Risikoabdeckung «verloren». Weil Banksparen nach dem «Sparschwein-Prinzip» funktioniert, kann es flexibler gestaltet werden. Bei unregelmässigen Zahlungen wird lediglich das Alterskapital entsprechend kleiner. Versicherungspolicen hingegen werden stillgelegt, oder die Kundin muss sie zurückkaufen, wenn die Prämien nicht wie vereinbart einbezahlt werden. Dies ist immer mit Verlusten verbunden. Banksparen ist deshalb vor allem empfehlenswert, wenn weder Bedarf für einen zusätzlichen Risikoschutz noch für eine individuelle Gesamtberatung besteht.

FAZIT

Die gebundene 3. Säule ist steuerlich begünstigt:

Unselbständigerwerbende können maximal 5414 Franken pro Jahr abziehen.

Selbständigerwerbende können 20 Prozent des Erwerbseinkommens, maximal 27 072 Franken abziehen, falls sie keine 2. Säule haben.

Hausfrauen ohne Erbwerbstätigkeit kommen nicht in den Genuss dieser Steuervergünstigungen!

Unfall: Noch die Beste im Land

Wer in der Schweiz arbeitet und einen Unfall erleidet, hat Glück im Unglück: Das staatliche Unfallversicherungsgesetz (UVG) bietet einen wesentlich besseren Schutz als die Krankenversicherung. Das UVG richtet bessere Leistungen aus und ist auch optimaler mit den anderen Sozialversicherungen koordiniert. Der grosse Haken: Alle Hausfrauen, die nicht erwerbstätig sind, fallen durch die Maschen des UVG. In künftigen Revisionen muss diese stossende Gesetzeslücke unbedingt geschlossen werden.

Die staatliche Unfallversicherung ist die «Musterschülerin» unter den Sozialversicherungen. Im UVG sind alle in der Schweiz beschäftigten Arbeitnehmerinnen und Arbeitnehmer gegen Unfälle und Berufskrankheiten versichert. Mit Unfällen sind sowohl Berufs- als auch Nichtberufsunfälle gemeint. Fortschrittlich ist das Gesetz vor allem, weil es neben der Witwenrente auch die Witwerrente kennt und zusammen mit AHV und IV Todesfall- und Invaliditätsleistungen bis zu 90 Prozent des letzten Bruttolohnes ausrichtet; dies bis zu einer oberen Lohngrenze von derzeit 97 200 Franken. Es bietet einen wesentlich besseren Schutz als zum Beispiel die staatliche Invalidenversicherung im Krankheitsfall.
Finanziert wird die Unfallversicherung durch die Prämien der Versicherten. Es gibt keine staatlichen Beiträge. Die Träger, zur Hauptsache die SUVA in Luzern und zum kleineren Teil private Unfallversicherer, dürfen im von UVG gesetzlich geregelten Teil keine Gewinne erzielen. Die nach Gefahrenstufen abgestuften Prämien für Berufsunfälle und Berufskrankheiten zahlen die Arbeitgeber, jene für die Nichtberufsunfälle die Arbeitnehmer.

Für Frauen bietet das UVG einen zwiespältigen Eindruck. Zum Teil ist es sehr frauenfreundlich, zum Teil nicht: Für Teilzeiterinnen greift es bereits ab einer Wochenarbeitszeit von 12 Stunden auch bei Nichtberufsunfällen. Für geschiedene Mütter, die Unterhaltsbeiträge vom früheren Mann erhalten, gibt es eine zeitgemässe Regelung, wenn er tödlich verunfallt: Die Unfallversicherung bezahlt die Unterhaltsbeiträge weiter, dies bis zu einem Höchstbetrag von 20 Prozent des letzten versicherten Lohnes. Diese Regelung gilt auch für geschiedene Väter, wenn sie Unterhaltszahlungen der Ex-Frau erhalten. Dieser Fall ist allerdings eher selten…
Eine Frau, die im Betrieb ihres Mannes mitarbeitet, kann sich freiwillig UVG versichern lassen, sofern sich der Mann als Selbständigerwerbender ebenfalls dort versichert hat. Dies bei einem Mindestverdienst von 32 400 Franken pro Jahr. Sie geniesst für eine Jahresprämie von etwa 700 Franken den vollen Versicherungsschutz.
Auf der anderen Seite fallen alle Hausfrauen, die nicht erwerbstätig sind, durch die sozialen Maschen des UVG. Es ist konsequent an die Erwerbstätigkeit

gebunden, und Hausfrauenarbeit ist immer noch keine Erwerbstätigkeit im gesetzlichen Sinn… Rund zwei Drittel aller Arbeitnehmerinnen und Arbeitnehmer sind bei der SUVA versichert. Den Rest decken private Versicherer ab. In den SUVA-Bereich fallen in erster Linie die Industrie im klassischen Sinne, das Baugewerbe sowie das Verkehrs- und Transportwesen. Die SUVA muss auch zur Verhütung von Unfällen und Berufskrankheiten beitragen. Sie berät die Firmen über die erforderlichen Sicherheitsmassnahmen. Diese kann sie allerdings auch anordnen und durchsetzen.

Die SUVA hat sich in letzter Zeit ein neues Image verpasst. Sie vermochte mit TV-Spots und Inseratekampagnen («SUVA. Das Menschenmögliche») recht erfolgreich das Image eines verstaubten Staatsbetriebes abzuschütteln und tritt auch wettbewerbsmässiger im «Grenzmarkt» zu den privaten Versicherern auf. Die Leistungen des UVG sind beträchtlich: Bei vorübergehender Arbeitsunfähigkeit infolge eines Unfalls werden Taggelder in der Höhe von 80 Prozent des Lohnes ausgerichtet. Dies ab dem dritten Unfalltag und ohne zeitliche Begrenzung. Bei voller Invalidität beträgt die Rente ebenfalls 80 Prozent des letzten Lohnes. Witwen- und Witwerrenten liegen bei 40 Prozent, Halbwaisenrenten bei 15 Prozent, Vollwaisenrenten bei 25 Prozent. Weil auch aus der AHV und Invalidenversicherung sowie aus dem BVG Hinterlassenen- und Invaliditätsleistungen ausgerichtet werden, könnten Überversicherungen entstehen. Deshalb werden die Leistungen zwischen dem UVG, der AHV, der IV und teilweise auch der 2. Säule so aufeinander abgestimmt, dass in der Regel niemand mehr als

**Durch die SUVA
1987 erfasste Haushaltunfälle**

Tätigkeit beim Unfall	Männer	Frauen
Umhergehen in Haus und Garten	16 689	6966
Haushaltarbeiten und kleinere Hantierungen	9625	5362
Körperpflege, Unterhaltung usw.	10 768	3566
Total	37 082	15 894

Diese Tabelle zeigt eindrücklich, wie benachteiligt Hausfrauen bei der staatlichen Unfallversicherung sind. Obwohl sicher mehr Frauen als Männer im Haushalt verunfallen, kommen nur halb so viele Frauen in den Genuss der an die Erwerbstätigkeit gebundenen Versicherung wie Männer.

90 Prozent des letzten Lohnes erhält. Das UVG wird denn auch in der Öffentlichkeit geschätzt. Die SUVA ist selten «Kassensturz-Thema», ganz im Gegensatz zu den anderen Sozialversicherungen.
Aber aufgepasst! Geldleistungen können in gewissen Fällen gekürzt oder verweigert werden. Beispielsweise, wenn die Gesundheitsschädigung oder der Tod nur teilweise die Folge eines Unfalls ist, wenn ein Unfall schuldhaft herbeigeführt worden ist oder wenn bei einem Unfall aussergewöhnliche Gefahren und Wagnisse im Spiel waren. Dazu gehören auch einige Extremsportarten, die in letzter Zeit sehr in Mode gekommen sind.

FAZIT

Das UVG versichert Löhne bis zu einem Höchstbetrag von 97 200 Franken.

Automatisch gegen Nichtberufsunfälle sind auch Teilzeiterinnen versichert, die mindestens 12 Stunden pro Woche arbeiten.

Bei Arbeitsunfähigkeit werden ab dem dritten Unfalltag Taggelder von 80 Prozent des Lohnes ausgerichtet, längstens, bis eine Invalidenrente festgelegt wird.

Todesfall- und Invaliditätsleistungen zusammen mit AHV und IV machen im Maximum 90 Prozent des gegenwärtigen Höchstlohnes von 97 200 Franken aus.

Krankheit:
Vorsicht Falle!

Die Krankenversicherung ist das «Sorgenkind» im sozialen Gefüge. Die Kosten laufen davon. Die Lücken bleiben trotzdem. Die Deckung der Heilungskosten ist weniger das Problem: Völlig ungenügend geregelt ist der Erwerbsausfall infolge Krankheit. Familien sind finanziell überfordert, wenn die Mütter im Krankheitsfall für längere Zeit den Haushalt nicht mehr führen können. Berufstätige erleben böse Überraschungen, wenn sie erfahren, wie minimal die Lohnfortzahlungen bei Krankheit sein können.

«Unsere Krankenversicherung ist krank», sagt der Sozialversicherungsexperte Hans Pfitzmann, «nur leider kann man sie dagegen nicht versichern...» Die Kosten explodieren. Die Prämien steigen ins Unermessliche. Und zu allem Elend sind die Leistungen noch lückenhaft, vor allem für Frauen. Familien und Kleinverdienerinnen stossen an die Grenze ihrer finanziellen Leistungskraft. Wir sind zwar alle bereit, sehr viel für unsere Gesundheit zu zahlen, aber irgendwann einmal ist die Grenze erreicht, wo wir schlicht nicht mehr zahlen können. Der Staat kann auch nicht mehr beliebig Löcher stopfen. Zudem ist die Krankenversicherung miserabel mit den anderen Sozialversicherungen koordiniert.

Die Krankheit ist anerkannt. Mit Flickschusterei, vornehmer ausgedrückt mit dringlichen Bundesbeschlüssen, hat man bisher versucht, die Kostenexplosion im Gesundheitswesen einigermassen in den Griff zu bekommen. Der letzte Bundesbeschluss hat den Frauen auch etwas gebracht: Seit 1993 zahlen Frauen und Männer dieselben Prämien. Vorher erlaubte das Gesetz zehn Prozent höhere Prämien für Frauen! In der Krankenpflege sind die Kosten der Frauen durchschnittlich rund 50 Prozent höher als diejenigen der Männer. Ein grosser Teil der Mehrkosten entsteht durch die Mutterschaft und die höhere Lebenserwartung.

Auch die Krankenkassen reagieren, um die Kostenexplosion eindämmen zu können: Sie schliessen sich zusammen. Der Konzentrationsprozess ist einschneidend: 1965 zählte man in der Schweiz noch rund 1000 Krankenkassen und «Krankenkässeli», 1993 waren es nur noch 169.

Richtig gesunden kann die Krankenversicherung allerdings nur mit einer grundlegenden Reform. Zur Zeit der Drucklegung dieses Ratgebers war die Debatte im Parlament für die neue Krankenversicherung voll im Gang. Diese Revision soll als wichtigste Neuerung eine obligatorische Grundversicherung bringen. Bis jetzt war die Krankenversicherung weitgehend freiwillig. Jede Krankenkasse besitzt eine eigene Angebotspalette mit werbeträchtigen Leistungsbezeichnungen wie etwa «Basis Eco» oder «Hospital plus». Hinter den Marketing-Begriffen steckt in der Regel folgender Aufbau: Jede Krankenkasse bietet eine Grundversicherung für Spitalbehandlungen und ambulante Arztkosten an. Bei der Grundversicherung übernehmen die Kassen nur die Behandlungskosten für die allgemeine Abteilung eines Spitals im Wohnkanton. Wenn eine Patientin oder ein Patient aus medizinischen Gründen in einem ausserkantonalen Spital behandelt werden muss, gilt diese Einschränkung nicht.

Wichtig für Hausfrauen ohne Erwerbstätigkeit: In dieser Grunddeckung sind Unfälle heute in aller Regel eingeschlossen. Dies entschärft die fehlende Unfalldeckung durch das UVG etwas. Eingeschlossen sind aber in der Regel nur minimale Beiträge an eine Haushalthilfe! Bei längerer Krankheit oder Unfall lohnt sich eine Taggeldversicherung.

Zusätzlich zur Grundversicherung können im Baukastensystem diverse Spitalzusatzversicherungen mit zunehmendem Komfort abgeschlossen werden.

Die Zusatzversicherungen beginnen meist mit der Deckung der Kosten in der allgemeinen Abteilung jedes Akutspitals in der ganzen Schweiz. Da viele Privatspitäler heute allgemeine Abteilungen führen, ist auch die Behandlung in Privatspitälern möglich. Zusätzlich können noch Versicherungen für die halbprivate und die private Abteilung abgeschlossen werden. «Halbprivat» heisst in der Regel Zweibettzimmer mit freier Arztwahl, «privat» Einbettzimmer mit freier Arztwahl. Die Arztwahl ist allerdings in grossen Kliniken eingeschränkt. Die Patientin wird nicht einfach automatisch vom Professor behandelt. Vorsicht vor teurem Komfort: Mit der Zusatzversicherung «Allgemein Schweiz» ist die Deckung in den meisten Fällen ausreichend. Generell gilt: Lieber eine Krankenkasse optimal abschliessen, solange man noch jünger ist. Bei späteren Erhöhungen gibt es leicht Vorbehalte wegen früherer Krankheiten.

Werdende Mütter müssen sich bei ihrer Krankenkasse erkundigen, in welcher Kombination die Kosten gedeckt sind, wenn sie sich in einem Privatspital (Fachausdruck: Belegspital) vom eigenen Frauenarzt entbinden lassen möchten. Dasselbe gilt vor Auslandreisen: Die Auslanddeckung wird sehr unterschiedlich geregelt. Diese Informationen sind wichtig vor dem Abschluss einer Ferien- und Reiseversicherung.

Krankenkassen stehen im Medienfeuer. Der Scheinwerfer ist fast ausschliesslich auf Prämienvergleiche gerichtet. Gewiss, es gibt Unterschiede. Letztlich müssen jedoch alle Kassen dieselbe Rechnung machen: Junge Patienten kosten nicht viel, ältere sehr viel mehr. Letztlich kann keine Kasse nur von Jungen profitieren, denn Junge werden älter. Dann steigen die Prämien.

Mindestens so wichtig wie Prämienvergleiche ist das Thema Erwerbsersatz bei Krankheit. Dabei wiegen sich viele in falscher Sicherheit. Die Mehrzahl der Arbeitnehmerinnen in der Schweiz weiss nicht, wie lange sie bei einer Krankheit weiterhin den Lohn erhalten. Das gesetzliche Minimum infolge Krankheit ist nämlich erschreckend minimal: Im ersten Dienstjahr 3 Wochen, im zweiten und dritten 1 Monat, im dritten und vierten 2 Monate, im fünften 3 Monate. Maximal: 6 Monate nach 25 Jahren… Gewiss, viele Arbeitgeber schliessen komfortable Kollektiv-Taggeldversicherungen ab, die Lohnfortzahlungen weit über das gesetzliche Minimum hinaus erlauben.

Eine repräsentative Meinungsumfrage des Instituts DemoSCOPE im Auftrag der Krankenkasse Helvetia hat ergeben, dass 40 Prozent der befragten Arbeitnehmer/innen Lohnfortzahlungen von lediglich 6 Monaten und weniger erhalten. 50 Prozent der Befragten wussten nicht, wie lange ihnen bei Krankheit der Lohn ausbezahlt wird. Solche Wissenslücken sind gefährlich. Sie führen heute immer öfter in einen sozialen Abstieg. IV-Renten beispielsweise werden erst nach ein bis zwei Jahren ausgerichtet. Solche Lücken müssen mit Erwerbsausfallrenten und Taggeldern geschlossen werden. Wie Sie dies im Rahmen Ihrer finanziellen Möglichkeiten am besten tun können, zeigen die folgenden Fallbeispiele.

FAZIT

Lohnfortzahlungen im Krankheitsfall sind gesetzlich ungenügend geregelt. Vorsicht!

Hausfrauen, die nicht erwerbstätig sind, haben in der Regel ungenügende Taggeldversicherungen.

Die Heilungskosten für Unfälle sind in der Grunddeckung in der Regel eingeschlossen. Bei Zusatzversicherungen sollten Unfälle mitversichert werden, vor allem für Hausfrauen ohne Erwerbstätigkeit.

Auslanddeckung vor Reisen genau abklären!

Mutterschaft:
Ein Trauerspiel

Andere europäische Länder sind uns beim Mutterschaftsschutz meilenweit voraus. Wir tun uns schwer. Seit bald einem Jahrzehnt werden die Ziele zerredet: ein umfassender, längerer und vor allem einheitlich geregelter bezahlter Mutterschaftsurlaub für alle erwerbstätigen Frauen und ein besserer finanzieller Schutz für Mütter ohne grosses Haushalteinkommen. Jetzt hoffen alle auf Bundesrätin Ruth Dreifuss: Sie will die neue Mutterschaftsversicherung vorantreiben.

Es gibt kaum einen Versicherungszweig, mit dem sich die Schweizer Politik (inklusive das Stimmvolk) so schwer tut wie mit einer neuen Mutterschaftsversicherung. Der letzte Anlauf ist 1987 bei einer Volksabstimmung gescheitert. Stein des Anstosses war bis jetzt stets die Finanzierung, die ohne Lohnprozente kaum zu realisieren ist.

Die Ziele bleiben: Ein längerer und vor allem einheitlich geregelter, bezahlter Mutterschaftsurlaub für erwerbstätige Mütter, beispielsweise vier Monate. Besserer finanzieller Schutz für alleinstehende Frauen und Hausfrauen mit geringem Haushalteinkommen. Sie müssten dringend in den Genuss eines Mutterschaftsgeldes kommen, am besten in Form eines Taggeldes. Zur Zeit ist der bezahlte Mutterschaftsurlaub chaotisch geregelt: Je nach Branche, Dienstdauer und Anstellungsverhältnis reicht er von drei Wochen bis zu einem halben Jahr. Besonders schlecht sind werdende Mütter gestellt, die vor der 28. Schwangerschaftswoche kündigen: Dann sind Leistungen mehr oder weniger freiwillig. Zwei Monatslöhne über den Kündigungstermin hinaus sind in solchen Fällen schon sehr grosszügig.

Wenigstens ist der Kündigungsschutz für Schwangere inzwischen verbessert worden: Nach dem Obligationenrecht darf einer Arbeitnehmerin während der Schwangerschaft und in den 16 Wochen nach der Geburt nicht gekündigt werden.

Wenn eine Arbeitnehmerin wegen Komplikationen bei der Schwangerschaft nicht arbeiten kann, hat sie Anspruch auf die gesetzlichen Lohnfortzahlungen. Dann wird die Schwangerschaft wie eine Krankheit oder ein Unfall behandelt.

FAZIT

Schwangere Frauen geniessen während der Schwangerschaft und während 16 Wochen nach der Geburt Kündigungsschutz.

Der Schwangerschaftsurlaub ist in der Schweiz chaotisch geregelt. Es gibt sehr unterschiedliche Regelungen je nach Branche und Kanton. Sich vom Arbeitgeber genau informieren lassen!

Ein besserer finanzieller Schutz für alleinstehende Frauen und Mütter mit geringem Haushalteinkommen vor und nach der Geburt ist dringend geboten.

Drei Frauen, drei Fälle auf einen Blick

Der Durchblick im Versicherungsdschungel fällt nicht leicht. Am einfachsten ist er mit konkreten Beispielen zu gewinnen. Welche Leistungen erhält eine Frau, wenn sie... Was geschieht, wenn sie... Wir haben mit Hilfe eines Experten der Helvetia-Versicherungen und mit Computerunterstützung für drei junge Frauen in drei Lebenssituationen alle Vorsorgemöglichkeiten durchgerechnet. Die Beispiele zeigen, wie gross die Lücken für die Frauen sind.

KONKUBINAT	SINGLE	HEIRAT
	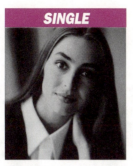	
Karin, 30, kaufmännische Angestellte. Fünf Jahre im gleichen Betrieb. Jahresgehalt: 50 000 Franken	**Katja**, 30, kaufmännische Angestellte. Fünf Jahre im gleichen Betrieb. Jahresgehalt: 50 000 Franken	**Monika**, 30, kaufm. Angestellte. Fünf Jahre im gleichen Betrieb. Jahresgehalt: 50 000 Franken

Karin, eine 30jährige berufstätige Frau im Konkubinat, Katja, ein 30jähriger berufstätiger Single, und Monika, eine 30jährige verheiratete Hausfrau, die ihre Erwerbstätigkeit aufgibt. Sie haben seit fünf Jahren im gleichen Betrieb gearbeitet und 50 000 Franken jährlich verdient. Diese drei Lebenssituationen werden auf den folgenden Seiten für die wichtigsten Personenversicherungsfälle ausgeleuchtet, sowohl für die drei Frauen als auch für ihre Partner: Pensionskasse, Unfall, Krankheit, Mutterschaft, Invalidität durch Unfall, Invalidität durch Krankheit, Tod, Trennung/Scheidung, Stellenwechsel/Wiedereinstieg, Arbeitslosigkeit und Pensionierung.
Bei den Berechnungen sind wir von folgenden Gegebenheiten ausgegangen: Die meisten Rechenbeispiele gelten aus heutiger Sicht (Stichjahr: 1993). Was würden Karin, Katja und Monika aus den staatlichen und betrieblichen Versicherungen erhalten, wenn heute die verschiedenen Versicherungsfälle eintreten würden? Wir haben keine Hochrechnungen mit angenommenen Zins- und Teuerungsentwicklungen bis zum Pensionsalter der drei Frauen durchgeführt. Solche Rechnungen sind unseriös und geben ein falsches Bild. Wir haben ab Stichjahr 1993 zurückgerechnet – mit Berechnungsformeln, Beitragshöhen, gesetzlichen Vorschriften sowie Zins- und Teuerungsentwicklungen, die bekannt sind. Alle drei Frauen haben ihre ersten Beiträge in die AHV im Alter von 21 Jahren entrichtet.

KARIN

2. SÄULE

Karin ist mit ihrem Freund in eine gemeinsame Wohnung gezogen. Sie arbeitet weiter. Gehalt weiterhin 50 000 Franken. Eine Heirat steht nicht in Aussicht. Sie leben im Konkubinat.
Karin ist einer sogenannten BVG-Normkasse angeschlossen, die die Löhne nach dem gesetzlichen Minimum versichert.
Karins Freund ist 35 Jahre alt, Abteilungsleiter und verdient 80 000 Franken. Er ist ebenfalls einer BVG-Normkasse angeschlossen.

Karins koordinierter Lohn, von dem Lohnprozente für die 2. Säule abgezogen werden: 27 440 Franken

Der koordinierte Lohn des Freundes: 45 120 Franken

KATJA

2. SÄULE

Katja bleibt Single. Sie arbeitet im gleichen Betrieb mit dem Gehalt von 50 000 Franken weiter. Die Firma besitzt eine BVG-Normkasse.

Katjas koordinierter Lohn, von dem die Lohnprozente abgezogen werden: 27 440 Franken

MONIKA

2. SÄULE

Monika hat nach fünf Jahren Erwerbstätigkeit geheiratet. Sie bekommt zwei Kinder. Ihre Erwerbstätigkeit hat sie aufgegeben. In Absprache mit ihrem Mann hat sie sich die angesammelten Altersgutschriften aus der Pensionskasse nicht bar auszahlen lassen, sondern auf ein Freizügigkeitskonto bei der Bank eingezahlt.
Monikas Mann ist 35 Jahre alt, Abteilungsleiter und verdient 80 000 Franken im Jahr. Er ist ebenfalls einer BVG-Normkasse angeschlossen.

Stand von Monikas Freizügigkeitskonto: 11 730 Franken. Wird frühestens fünf Jahre vor Erreichen des Pensionsalters mit angesammeltem Zins fällig

Der koordinierte Lohn des Ehemannes: 45 120 Franken

2. SÄULE

FAZIT

KONKUBINAT
Karin und ihr Freund müssen sich unbedingt bei ihren Pensionskassen erkundigen, wie das Konkubinat in den Reglementen behandelt wird. Es gibt Pensionskassen, die bei einem Todesfall das angewachsene Alterskapital an den überlebenden Konkubinatspartner auszahlen, wenn er oder sie namentlich begünstigt ist. Einige wenige fortschrittliche Kassen richten auch Witwen- und sogar Witwerrenten an Konkubinatspartner aus, wenn das Konkubinat gefestigt war.

SINGLE
Katja sollte sich bei ihrer Pensionskasse erkundigen, ob sie im Todesfall eine ihr nahestehende Person begünstigen kann. Ohne Begünstigungsmöglichkeiten fällt das bis zum Todestag angesammelte Kapital an die gesetzlichen Erben.

VERHEIRATET
Glücklicherweise hat Monika das angesammelte Kapital der Pensionskasse nicht für die Aussteuer verwendet, sondern auf ein Freizügigkeitskonto eingezahlt – die beste Lösung, solange diese Barauszahlungen infolge Heirat noch möglich sind, vor allem im Falle einer Scheidung!

KARIN

UNFALL

Ein selbstverursachter Unfall hat schlimmere Auswirkungen als vorerst befürchtet: Karin wird acht Monate lang arbeitsunfähig bleiben. Die staatliche Unfallversicherung (UVG) ist ein wesentlich dichteres soziales Netz als die Krankenversicherung. Sie erhält für die Dauer ihrer Arbeitsunfähigkeit ab dem dritten Unfalltag ein Taggeld von 80 Prozent ihres versicherten Tagesverdienstes von 137 Franken. Die Heilungskosten sind ebenfalls gedeckt (UVG und in Ergänzung die Krankenkasse). Wenn sie eine Hauspflege benötigt, kann sie über das UVG einen Beitrag beantragen.
Ob es sich bei Karins Unfall um einen Berufsunfall oder einen Nichtberufsunfall handelt, spielt keine Rolle.

UVG-Taggeld: 110 Franken bis zur Wiederaufnahme der Arbeit, respektive bis zur Zahlung einer Invalidenrente

Volle Deckung Heilungskosten halbprivat, ganze Schweiz

UVG-Beitrag an die Hauspflege

KATJA

UNFALL

Auf einer Bergwanderung mit Freunden stürzt Katja unglücklich. Fahrlässigkeit ist nicht im Spiel. Sie wird für einige Monate nicht mehr arbeiten können und noch einige Zeit eine Haushalthilfe benötigen. Wie Karin hat sie bei einem Unfall weniger finanzielle Sorgen als im Krankheitsfall. Sie erhält für die Dauer ihrer Arbeitsunfähigkeit ein Taggeld von 80 Prozent des bisherigen Tagesverdienstes von 137 Franken. Die Heilungskosten sind ebenfalls gedeckt. Sie versucht über den UVG-Versicherer einen zusätzlichen Kostenbeitrag für die Hauspflege zu erhalten.

UVG-Taggeld: 110 Franken bis zur Wiederaufnahme der Arbeit, respektive bis zur Zahlung einer Invalidenrente

Volle Deckung Heilungskosten halbprivat, ganze Schweiz

UVG-Beitrag an die Hauspflege

MONIKA

UNFALL

Es war ein typischer Haushaltunfall. Die Konservendose im obersten Gestell des Schrankes war auch auf den Zehenspitzen stehend nicht erreichbar. Monika stieg aufs Taburettli. Fehltritt. Sturz auf den Rücken. Wirbelverletzung. Rechter Arm gebrochen. Vier Wochen Spital. Zwei Monate lang kann sie den Haushalt nicht mehr führen.

Die staatliche Unfallversicherung fällt völlig aus, weil sie an die Erwerbstätigkeit gebunden ist. Die Krankenkasse erbringt wenigstens dieselben Leistungen wie bei einer Krankheit, weil sie das Unfallrisiko einschliesst. Wiederum sprengt die Haushalthilfe das Familienbudget.

Spitalkosten:
Volle Deckung allgemein, Wohnkanton

Haushalthilfe:
36 bis 48 Franken pro Tag

UNFALL

FAZIT

KONKUBINAT
Karin geniesst den optimalen Unfallschutz durch das UVG. Durch das UVG sind die Heilungskosten allgemein, ganze Schweiz, gedeckt. Karin kann trotzdem halbprivat liegen, da der Rest durch die Krankenkasse gedeckt ist.

SINGLE
Katja ist ebenfalls optimal geschützt. Auch sie könnte sich bei einem Unfall dank der Krankenkasse im Spital halbprivat behandeln lassen.

VERHEIRATET
Monika muss sich überlegen, ob die Grundversicherung bei der Krankenkasse ausreicht. Mindestens die Zusatzversicherung «Allgemein, ganze Schweiz» ist empfehlenswert. Ein zusätzliches Taggeld ebenfalls.

KARIN

KRANKHEIT

Karin kann wegen Krankheit ein halbes Jahr lang nicht mehr arbeiten. Spitalaufenthalt: drei Wochen. Ihre Spitalkosten-Zusatzversicherung der Krankenkasse Helvetia deckt die vollen Kosten in der halbprivaten Abteilung jedes Akutspitals in der ganzen Schweiz. Das grosse Problem liegt beim Verdienstausfall. Karin erlebt eine böse Überraschung: Ihr Arbeitgeber hat keine Kollektiv-Krankenversicherung abgeschlossen, die ihr über das gesetzliche Minimum hinaus den Lohn sichert. Sie erhält mit ihren fünf Dienstjahren nur gerade drei Monate lang den Lohn. Für die restlichen drei Monate erhält sie keinen Rappen. Sie benötigt eine Haushaltshilfe, weil ihr Freund nicht reduziert arbeiten kann. Die Krankenkasse bezahlt ihr wenigstens 60 Franken pro Tag an die Hauspflege oder Haushalthilfe, maximal 60 Tage.

Erwerbsausfall Firma:
4166 Franken pro Monat, beschränkt auf drei Monate!

Spitalkosten:
Volle Deckung halbprivat, ganze Schweiz

Haushalthilfe:
60 Franken pro Tag, maximal 60 Tage

KATJA

KRANKHEIT

Erst vor zwei Jahren hat Katja bei der Krankenkasse Helvetia eine Spitalkosten-Zusatzversicherung (halbprivat, ganze Schweiz) abgeschlossen. Jetzt wird sie krankheitsbedingt für ein halbes Jahr arbeitsunfähig bleiben und nach dem Spitalaufenthalt dringend eine Haushaltshilfe benötigen. Sie erhält wie Karin mit ihren fünf Dienstjahren nur gerade drei Monate lang weiterhin den Lohn. Sie besitzt auch keine private Taggeldversicherung. Die Krankenkasse zahlt ihr wenigstens 60 Franken pro Tag für die Hauspflege oder Haushalthilfe, maximal 60 Tage.

Erwerbsausfall Firma:
4166 Franken pro Monat, beschränkt auf drei Monate!

Spitalkosten:
Volle Deckung halbprivat, ganze Schweiz

Haushalthilfe:
60 Franken pro Tag, maximal 60 Tage

MONIKA

KRANKHEIT

Nach einem dreiwöchigen Spitalaufenthalt wird Monika drei Monate lang den Haushalt nicht mehr führen können. Ihr Mann hilft am Feierabend und am Wochenende aus. Er muss jedoch weiterhin voll arbeiten. Tagsüber braucht die Familie eine Haushalthilfe. Karin ist bei der Krankenkasse Helvetia bei Krankheit nur grundversichert: volle Deckung Heilungskosten in der allgemeinen Abteilung jedes Akutspitals im Wohnkanton. Für die Haushalthilfe übernimmt die Krankenkasse im Maximum zwischen 36 und 48 Franken pro Tag (gemäss den Verträgen und Tarifen im Kanton Zürich). Die Haushalthilfe kostet jedoch an die 100 Franken pro Tag. Das Familienbudget verträgt diese Mehrkosten nicht mehr. Eine Taggeldversicherung hat Monika nicht abgeschlossen.

Spitalkosten:
Volle Deckung allgemein, Wohnkanton

Haushalthilfe:
36 bis 48 Franken pro Tag

KRANKHEIT

FAZIT

KONKUBINAT
Massive Unterversicherung bei der Lohnfortzahlung. Karin muss für die vorübergehende Erwerbsunfähigkeit infolge Krankheit privat besser vorsorgen.

SINGLE
Ebenfalls massive Unterversicherung bei der Lohnfortzahlung.

VERHEIRATET
Schlechter Versicherungsschutz bei längerer Krankheit. Die Haushalthilfe sprengt das Haushalteinkommen. Monika muss dringend ein Taggeld bei der Krankenkasse versichern.

KARIN

MUTTERSCHAFT

Sollten sich Karin und ihr Freund für ein Kind entscheiden und trotzdem im Konkubinat verbleiben, müssen sie sich über die Konsequenzen bewusst sein: Aus der AHV erhält Karin keine Witwenrente! Aus der 2. Säule nur, wenn beide einer sehr fortschrittlichen Pensionskasse angeschlossen sind, die Witwenrenten auch an Konkubinatspartnerinnen ausrichtet.
Waisenrenten werden an den überlebenden Konkubinatspartner ausbezahlt, respektive an das waisenrentenberechtigte Kind, wenn alle Fragen um die elterliche Gewalt geregelt sind.

Karin erhält keine Witwenrente aus der AHV!

Deckung der Kosten in einer Geburtsklinik halbprivat, ganze Schweiz

Stillgeld von 50 Franken pro Monat und Kind

KATJA

MUTTERSCHAFT

Sollte Katja alleinerziehende Mutter werden, muss sie den Vorsorgeschutz für sich und das Kind gut überlegen. Sollte der Vater des Kindes sterben, erhält sie keine Witwenrente, sondern lediglich eine Halbwaisenrente, die möglicherweise nicht einmal die fehlenden Unterhaltszahlungen deckt.
Die 3. Säule muss sie stark ausbauen, damit ihr Kind optimal geschützt ist, wenn ihr etwas zustossen sollte.
Ihre Krankenkassendeckung erlaubt die Entbindung in einem Belegspital durch ihren Frauenarzt.

Das Kind muss gut für den Todesfall der Mutter abgesichert werden

Für seinen Unterhalt stünden im Todesfall von Katja pro Jahr lediglich 7440 Franken Waisenrenten zur Verfügung

MONIKA

MUTTERSCHAFT

Monika ist für die Mutterschaft so schlecht und recht versichert wie viele nicht erwerbstätige Mütter. Ihre Krankenkasse richtet die folgenden Leistungen aus:
Die Deckung der Kosten in der allgemeinen Abteilung einer Geburtsklinik im Wohnkanton.
Vier Kontrolluntersuchungen während der Schwangerschaft und eine nach der Geburt.
Ein Stillgeld von 50 Franken pro Kind und Monat.
Wenn Monika sich von ihrem eigenen Frauenarzt in einem sogenannten Belegspital entbinden lassen möchte, müsste sie bei ihrer Krankenkasse eine Zusatzversicherung (halbprivat, ganze Schweiz) abschliessen.
Ein Taggeld vom Staat erhält sie nicht. Sämtliche Anläufe für solche umfassenden Mutterschaftsversicherungen sind in der Schweiz stets abgeblockt worden.

Deckung der Kosten in einer Geburtsklinik im Wohnkanton

Stillgeld von 50 Franken pro Monat und Kind

MUTTERSCHAFT

FAZIT

KONKUBINAT
Wenn ein Paar nach der Geburt eines Kindes im Konkubinat verbleibt, muss es den privaten Vorsorgeschutz massiv verbessern. Eine umfassende Gesamtberatung ist erforderlich.

SINGLE
Eine alleinerziehende Mutter benötigt eine ganz spezielle Gesamtberatung durch einen Versicherungsfachmann. Am wichtigsten ist ein guter Schutz des Kindes im Todesfall der Mutter. Sie muss neben dem Vater des Kindes auch ihre Familie einbeziehen. Es muss offen darüber gesprochen werden, wer in diesem Fall für das Kind sorgen würde.

VERHEIRATET
Babies sollten schon vor der Geburt bei der Krankenkasse angemeldet werden. Sie muss sie in diesem Fall vorbehaltlos aufnehmen. Bei einer Anmeldung nach der Geburt riskiert man Vorbehalte, wenn das Baby einen Geburtsfehler aufweist.

KARIN

INVALID DURCH UNFALL

Karin wird nach einem schweren Unfall dauernd erwerbsunfähig.
Sie fällt unter den optimalen Schutz des Bundesgesetzes über die Unfallversicherung (UVG). Sie erhält aus dem UVG und aus der IV zusammen 90 Prozent ihres letzten Lohnes. Diese vollen Leistungen erhält sie allerdings nur, wenn das UVG infolge von Wagnis und Grobfahrlässigkeit keine Leistungskürzungen vornimmt.

Invalidenrente nach einem Unfall: 3750 Franken pro Monat

KATJA

INVALID DURCH UNFALL

Katja wird nach einem schweren Unfall dauernd erwerbsunfähig. Ihr stehen dieselben Leistungen zu wie Karin (siehe Kolonne links).

Invalidenrente nach einem Unfall: 3750 Franken pro Monat

MONIKA

INVALID DURCH UNFALL

Monika wird nach einem schweren Unfall dauernd erwerbsunfähig. In ihrem Fall heisst dies, dass sie den Haushalt nicht mehr erledigen kann. Die Invalidenversicherung lässt in ihrer Wohnung detailliert abklären, ob sie nicht doch noch gewisse Dinge selbständig ausführen kann. Von diesen Abklärungen ist der Grad ihrer Invalidität abhängig.

Angenommen, Monika steht eine volle Invalidenrente zu, dann erhält die Familie folgende Zahlungen aus der AHV/IV:

Rente AHV/IV: 1760 Franken

Kinderrenten: 704 Franken pro Kind (40 Prozent von Monikas IV-Rente)

Total: 3168 Franken pro Monat

INVALID DURCH UNFALL

FAZIT

KONKUBINAT
Karin ist durch das UVG optimal geschützt. Ein Augenmerk für die Gesamtberatung ist darauf zu richten, dass das UVG in bestimmten Fällen Kürzungen bei den Rentenleistungen vornehmen kann.

SINGLE
Katja ist durch das UVG ebenfalls optimal geschützt. Auch sie muss mögliche Leistungskürzungen im Auge behalten.

VERHEIRATET
Monika tritt aus dem optimalen Schutz des UVG aus.
Achtung: Der Invaliditätsschutz sieht nur auf den ersten Blick relativ gut aus. Die Kinderrenten werden nur bis zum 18., respektive 25. Altersjahr ausgerichtet. Und: Je länger Monika aus dem Arbeitsprozess ausgeschieden ist, desto kleiner werden bei einer Invalidität die Renten. Sie muss ihre Situation unbedingt mit einem Versicherungsfachmann im Rahmen einer Gesamtberatung abklären.

KARIN

INVALID DURCH KRANKHEIT

Wenn Karin durch eine Krankheit invalid wird, ist der Schutz lange nicht so gut wie bei einer unfallbedingten Invalidität! Der optimale Schutz durch das UVG fällt weg. Die Rente leisten jetzt die IV und die Pensionskasse.

Rente AHV/IV: 1760 Franken

Invalidenrente Pensionskasse: 789 Franken

Total: 2549 Franken pro Monat

KATJA

INVALID DURCH KRANKHEIT

Katja stehen dieselben Leistungen zu wie Karin. Im einzelnen:

Rente AHV/IV: 1760 Franken

Invalidenrente Pensionskasse: 789 Franken

Total: 2549 Franken pro Monat

MONIKA

INVALID DURCH KRANKHEIT

Monika erhält bei einer krankheitsbedingten Invalidität dieselben Leistungen wie bei einer unfallbedingten.

Rente AHV/IV: 1760 Franken

Kinderrenten AHV/IV: 1408 Franken

Total: 3168 Franken pro Monat

INVALID DURCH KRANKHEIT

FAZIT

KONKUBINAT
Karin ist bei einer krankheitsbedingten Invalidität massiv unterversichert. Sie muss sich unbedingt von einem Versicherungsfachmann beraten lassen.

SINGLE
Katja ist ebenfalls massiv unterversichert. Auch sie benötigt dringend eine Gesamtberatung.

VERHEIRATET
Monika geniesst denselben trügerischen Schutz wie bei einer unfallbedingten Invalidität (zeitlich limitierte Kinderrenten und kleiner werdende Renten, je länger Monika vom Arbeitsprozess entfernt ist).

KARIN	**KATJA**
TOD	***TOD***
Karins Freund steht allein da. Die AHV/IV kennt nicht einmal eine Witwerrente, geschweige denn eine Hinterlassenenleistung an einen Konkubinatspartner. Wenn Karin das Konkubinat ihrer Pensionskasse gemeldet und ihren Freund begünstigt hat, dann erhält er möglicherweise die bis zum Todestag angesammelten Altersgutschriften samt Zins. Andernfalls geht das Geld, wenn die Pensionskasse überhaupt Todesfallkapital ausbezahlt, an die gesetzlichen Erben von Karin. In noch selteneren Fällen richten Pensionskassen Witwerrenten an Konkubinatspartner aus. Beispielsweise die PK des Tages-Anzeiger-Konzerns, wenn das Konkubinat nachweisbar schon mindestens zehn Jahre gedauert hat.	Sollte Katja sterben, würden die gesetzlichen Erben, in erster Linie die Eltern, das bis zum Todestag angesammelte Altersguthaben samt Zins erhalten, wenn die Pensionskasse solche Leistungen im Reglement erlaubt. Wenn sie die Möglichkeit hatte, eine ihr sonst nahestehende oder von ihr unterstützte Person zu begünstigen, wird dieses Kapital an sie ausbezahlt.
Altersgutschrift 2. Säule: 11 730 Franken Dieses Kapital wird nur an Karins Lebenspartner ausbezahlt, wenn er namentlich begünstigt worden ist	Altersgutschrift 2. Säule: 11 730 Franken Wird an die gesetzlichen Erben ausbezahlt, wenn keine andere Begünstigung vorliegt

MONIKA

TOD

Wenn Monika stirbt, erhält der Ehemann keine Witwerrente aus der AHV, sondern nur die Waisenrenten. Die AHV kennt noch keine Witwerrente! Zudem steht ihm noch Monikas Vorsorgekonto auf der Bank zu.

Achtung: Je länger die verstorbene Ehefrau aus dem Arbeitsprozess ausgeschieden ist, desto kleiner werden die Waisenrenten. Massgebend für die Berechnungen sind die bisher abgerechneten AHV-Einkommen der Frau und die Beitragsjahre. Ehejahre gelten als Beitragsjahre. Weil jedoch kein Einkommen mehr vorliegt, werden die Renten immer kleiner.

Waisenrenten AHV:
620 Franken pro Kind und Monat

Freizügigkeitskonto Monika:
11 730 Franken

TOD

FAZIT

KONKUBINAT

Am wichtigsten ist die Klärung der Begünstigungsregeln bei den Pensionskassen. Danach drängt sich eine Gesamtberatung auf, um den gegenseitigen Risikoschutz verbessern zu können.

SINGLE

Katja hat nur geringe Möglichkeiten, Freunde und Verwandte bei ihrem Nachlass zu begünstigen. Am besten gelingt dies bei einer Lebensversicherung. Ihre Altersgutschrift der 2. Säule fällt hingegen in der Regel an die gesetzlichen Erben, in erster Linie an die Eltern, bei deren Fehlen an die Geschwister usw.

VERHEIRATET

Monikas Ehemann bekommt finanzielle Probleme, wenn er eine Haushalthilfe oder ein Kindermädchen anstellen müsste. Monika und er müssen sich für diesen Fall beraten lassen.

KARIN

DER FREUND HAT UNFALL

Karins Freund ist bei einem Unfall noch etwas besser gestellt als sie, weil der Arbeitgeber für das erste Jahr – in Ergänzung zum UVG – die fehlenden 20 Prozent bezahlt. Also: voller Lohn im ersten Jahr, 80 Prozent des letzten Lohnes im zweiten Jahr. Über das UVG sind die Heilungskosten in der allgemeinen Abteilung eines Spitals in der ganzen Schweiz gedeckt.

Erwerbsausfall Firma:
1. Jahr: Voller Lohn
2. Jahr: 80 Prozent des letzten Lohnes

Spitalkosten:
Volle Deckung allgemein, ganze Schweiz

MONIKA

DER MANN HAT UNFALL

Die Versorgerehe spielt: Monikas Mann erhält im Maximum zwei Jahre lang weiterhin den vollen Lohn, weil der Arbeitgeber eine Kollektiv-Taggeldversicherung, in welcher die fehlenden 20 Prozent (Unfall) versichert sind, abgeschlossen hat.
Das gesetzliche Minimum gemäss UVG beträgt 80 Prozent des versicherten Verdienstes.

Erwerbsausfall Firma:
Höchstens 2 Jahre voller Lohn

Spitalkosten:
Volle Deckung allgemein, ganze Schweiz

DER PARTNER HAT UNFALL

FAZIT

KONKUBINAT
Karins Freund geniesst den optimalen Schutz der obligatorischen Unfallversicherung. Es spielt keine Rolle, ob er während der Arbeit oder in der Freizeit verunfallt – er ist rund um die Uhr umfassend geschützt. Er braucht sich auch keine Sorgen um die Lohnfortzahlung zu machen.

VERHEIRATET
Monikas Ehemann wird ebenfalls optimal vom UVG abgefedert. Ganz im Gegensatz zu ihr, die als nicht erwerbstätige Hausfrau nicht unter dem Schutz der obligatorischen Unfallversicherung steht.

KARIN

DER FREUND WIRD KRANK

Sollte Karins Freund krank werden, ist das Konkubinatspaar besser abgesichert, als wenn sie selber wegen Krankheit länger erwerbsunfähig bleibt. Sein Arbeitgeber hat eine Kollektiv-Taggeldversicherung abgeschlossen, die ihm im ersten Krankheitsjahr den vollen Lohn sichert und im zweiten Jahr 80 Prozent des letzten Lohnes. Finanziert wird die Versicherung mit Lohnprozenten.
Er wird nach dem Spitalaufenthalt noch zwei Monate arbeitsunfähig bleiben.
Der Spitalaufenthalt wird für ihn nicht so komfortabel ausfallen wie für seine Lebenspartnerin: Er hat nur eine Grundversicherung abgeschlossen, die die volle Deckung der Spitalkosten in einem öffentlichen Spital des Wohnkantons übernimmt.

Erwerbsausfall Firma:
1. Jahr: Voller Lohn
2. Jahr: 80 Prozent des letzten Lohnes

Spitalkosten:
Volle Deckung allgemein, Wohnkanton

MONIKA

DER MANN WIRD KRANK

Monikas Mann arbeitet in einer fortschrittlichen Firma. Ab dem fünften Dienstjahr erhält er im Krankheitsfall während längstens zwei Jahren den vollen letzten Verdienst. Diese grosszügige Regelung macht die Kollektiv-Taggeldversicherung möglich.
Er wird nach einem vierwöchigen Spitalaufenthalt noch zwei Monate arbeitsunfähig bleiben.
Der Spitalaufenthalt in einem Vierbettzimmer hat ihn nicht strapaziert: Seine Leidensgefährten wurden für ihn zu tollen Kameraden, die gemeinsam versuchten, das Beste aus der Situation zu machen. Mit anderen Worten: Seine Spitalzusatzversicherung deckt nur die allgemeinen Kosten in jedem Spital der ganzen Schweiz.

Erwerbsausfall Firma:
2 Jahre voller Lohn

Spitalkosten:
Volle Deckung allgemein, ganze Schweiz

DER PARTNER WIRD KRANK

FAZIT

KONKUBINAT
Karins Freund sollte eine Zusatzversicherung bei der Krankenkasse abschliessen, die mindestens «allgemein, ganze Schweiz» umfasst.

VERHEIRATET
Die Familie ist gut geschützt bei vorübergehender Erwerbsunfähigkeit des Ehemannes. Die Krankenkassendeckung «allgemein, ganze Schweiz» ist ausreichend für ihn.

KARIN

FREUND: INVALID DURCH UNFALL

Wenn Karins Freund nach einem Unfall erwerbsunfähig wird, erhält er aus dem UVG und der Invalidenversicherung zusammen 90 Prozent des letzten Lohnes. An sich würden sämtliche Renten, die möglich sind, einen höheren Betrag ergeben, aber die UVG-Grenze von 90 Prozent des letzten Lohnes, höchstens aber von 97 200 Franken, ist in diesem Fall bindend.

Invalidenrente UVG und IV: 6000 Franken pro Monat

MONIKA

EHEMANN: INVALID DURCH UNFALL

Wird Monikas Mann durch einen Unfall invalid, ist die Familie recht gut abgesichert.
Der Mann erhält ebenfalls eine Rente von 90 Prozent des letzten Bruttolohnes, koordiniert zwischen der IV und und dem UVG.

Invalidenrente UVG und IV: 6000 Franken pro Monat

PARTNER:
INVALID DURCH UNFALL

FAZIT

KONKUBINAT
Optimaler Schutz. Karin und ihr Freund müssen sich aber bewusst sein, dass das UVG Leistungskürzungen vornehmen kann.

VERHEIRATET
Optimaler Schutz. Wichtig zu wissen ist, dass die Rente, ungeachtet ob mit oder ohne Kinderrenten gerechnet wird, immer nur 90 Prozent des letzten Lohnes beträgt.

KARIN

FREUND:
INVALID DURCH KRANKHEIT

Wenn Karins Freund nach einer Krankheit invalid wird, erhält er von der IV eine Maximalrente und eine Rente aus der Pensionskasse. Gegenüber der unfallbedingten Invalidität besteht eine krasse Unterversicherung.

Rente IV:
1880 Franken

Rente Pensionskasse:
1330 Franken

Total:
3210 Franken pro Monat

MONIKA

EHEMANN: INVALID DURCH KRANKHEIT

Für diesen Fall ist die Familie recht gut abgesichert. Aber nur auf den ersten Blick, denn die Kinderrenten machen einen erklecklichen Teil der Gesamtrente aus. Kinderrenten werden jedoch nur bis zum 18., respektive 25. Altersjahr bezahlt. Wenn Monikas Mann in älteren Jahren invalid wird, sieht die Situation schlechter aus.

IV-Rente: 1880 Franken

IV-Zusatzrente Ehefrau: 564 Franken

IV-Kinderrenten: Je 752 Franken

Rente BVG: 1330 Franken

Kinderrenten BVG: Je 266 Franken

Total: 5810 Franken pro Monat

PARTNER: INVALID DURCH KRANKHEIT

FAZIT

KONKUBINAT
Für einen genügenden Versicherungsschutz bei der krankheitsbedingten Invalidität muss die massive Unterversicherung behoben werden.

VERHEIRATET
Monika und ihr Mann müssen sich bewusst sein, dass der Versicherungsschutz nur so lange relativ gut ist, bis die Kinder «ausfliegen». Danach sackt die Rente von 5810 Franken auf 3774 Franken zusammen! Diese Lücke müssen sie frühzeitig privat schliessen.

KARIN

DER FREUND STIRBT

Karin steht allein da – ausser die Pensionskasse zahlt die bis zum Todestag angesammelten Altersgutschriften an begünstigte Konkubinatspartnerinnen oder richtet gar Witwenrenten an Konkubinatspartnerinnen aus. Letzteres kommt allerdings noch sehr selten vor.

Freizügigkeitsleistung Pensionskasse samt Zins:
27 666 Franken

Witwenrente Pensionskasse:
9576 Franken pro Monat (nur in ganz seltenen Fällen)

UVG: keine Leistungen

MONIKA

DER EHEMANN STIRBT

Monika ist als Witwe mit zwei Kindern nur optimal abgesichert, wenn ihr Mann tödlich verunglückt: Dann erhalten sie und ihre beiden Kinder eine Rente in der Höhe von 90 Prozent des letzten Bruttolohnes.
Ist ihr Mann jedoch an einer Krankheit verstorben, sieht die Situation auf dem Stand von 1993 nicht mehr so gut aus. Und auch hier gilt wieder: Waisenrenten werden nur bis zum 18., respektive 25. Altersjahr ausbezahlt.

Unfall
Hinterlassenenrente:
6000 Franken pro Monat

Krankheit
AHV-Witwenrente:
1504 Franken

AHV-Waisenrenten:
Je 752 Franken pro Kind

BVG-Witwenrente:
798 Franken

BVG-Waisenrenten:
266 Franken pro Kind

Total: 4338 Franken pro Monat

DER PARTNER STIRBT

FAZIT

KONKUBINAT
Das Versorgerprinzip spielt im Konkubinat nur sehr bedingt. Wenn sich Karin und ihr Partner für den Todesfall gegenseitig besser schützen möchten, müssen sie privat vorsorgen.

VERHEIRATET
Die grosse Lücke im krankheitsbedingten Todesfall muss unbedingt geschlossen werden, da Monika sonst finanzielle Sorgen erhält.

KARIN

TRENNUNG

Karin trennt sich von ihrem Freund. Auf die Vorsorge hat diese Trennung keinen Einfluss, ausser die Pensionskassen haben Begünstigungen von Konkubinatspartnern erlaubt. In diesem Fall sollten sie ihre seinerzeitigen Begünstigungen gemeinsam neu regeln.

MONIKA

SCHEIDUNG

Das grosse Problem in der heutigen Sozialversicherung. Geschiedene Frauen fallen zur Zeit noch durch die Maschen des sozialen Netzes.
Weil die Ehejahre nur als Beitragsjahre gelten, ist es kaum mehr möglich, auf eine volle einfache Altersrente von 22 560 Franken zu kommen. Deshalb werden ab 1. Januar 1994 Erziehungsgutschriften für geschiedene Frauen ausgerichtet: Für jedes Jahr, das sie Kinder unter 18 Jahren erzogen haben, wird ihnen auf dem AHV-Konto ein AHV-Bonus von 33 840 Franken als Beitrag gutgeschrieben. So ist es möglich, wenigstens wieder in die Nähe von Maximalrenten zu kommen. Monika muss unbedingt AHV-Beiträge entrichten, auch wenn sie nicht sofort wieder zu arbeiten beginnt (Unterhaltszahlungen an die Frau sind AHV-pflichtig!). Das Vorsorgekonto auf der Bank gehört ihr.

Freizügigkeitskonto:
11 730 Franken (Stand 1993)

TRENNUNG/SCHEIDUNG

FAZIT

KONKUBINAT
Jetzt ist es besonders wichtig, dass Karin sämtliche güterrechtlichen und vermögensrechtlichen Fragen zuvor vertraglich geregelt hat. Andernfalls kann es zu unangenehmen Auseinandersetzungen kommen, die für Karin noch schlechter ausfallen können, als wenn sie verheiratet gewesen wäre.

VERHEIRATET
Mit ihrem Mann muss Monika eine Lösung für dessen angesammelte Pensionskassengelder während der Ehe finden. Erst ab 1995 kann möglicherweise richterlich bestimmt werden, dass die während der Ehe angesammelten Pensionskassengelder hälftig zwischen Mann und Frau aufgeteilt werden. Heute kann Monika höchstens versuchen, dass diese Lücke bei der Festsetzung der Unterhaltsbeiträge mitberücksichtigt wird.
Sollte ihr Ex-Mann sterben, hat sie nur Anspruch auf eine AHV-Witwenrente, wenn die Ehe mindestens zehn Jahre gedauert hat und ihr Unterhaltsbeiträge für die Kinder zustehen. Waisenrenten bekommt sie nur, wenn die Kinder zum Zeitpunkt des Todes noch nicht 18 Jahre alt waren, respektive 25 Jahre während der Ausbildung.

KARIN

STELLENWECHSEL

Karin wechselt ihre Stelle. Auf die AHV/IV hat ein Stellenwechsel keinen grossen Einfluss.
Wenn sie wieder in eine BVG-Normkasse eintritt, erhält sie ungefähr wieder die gleichen Leistungen wie bisher. Auch die Kosten bleiben im gleichen Rahmen. Aus der alten Kasse erhält sie sowohl die angehäuften Arbeitnehmer- als auch die Arbeitgeberbeiträge samt Zins für die neue Kasse (volle Freizügigkeit).
Wenn sie allerdings in eine sogenannte Leistungsprimatkasse übertritt, die eine Altersrente von einem bestimmten Prozentsatz des letzten Lohnes garantiert, könnte es Probleme geben. Möglicherweise müsste sie sich dann mit viel Geld in die neue Kasse einkaufen, damit sie voll mithalten kann. Dazu würde die Freizügigkeitsleistung aus dem bisherigen BVG nicht mehr genügen.

KATJA

STELLENWECHSEL

Wenn Katja die Stelle wechselt, muss sie das Augenmerk wie Karin in erster Linie auf die 2. Säule richten (siehe Kolonne links).

MONIKA

WIEDEREINSTIEG

Monika wird nach der Scheidung nichts anderes übrig bleiben als ein Wiedereinstieg. Sie hat Glück und findet im alten Beruf eine Stelle. Gehalt: 30 000 Franken.
Für die Berechnungen gehen wir von einem Wiedereinstieg 10 Jahre nach der Heirat aus. Jetzt rechnet wieder der Arbeitgeber mit der AHV ab, es werden Lohnprozente abgezogen. Monika tritt wieder automatisch der Pensionskasse der neuen Firma bei. Abklären muss sie, ob es sich lohnen würde, wenn sie den Betrag aus dem Freizügigkeitskonto in die neue Kasse einschiessen würde. Die schlechten Risikoleistungen bei Tod und Invalidität könnten dadurch etwas verbessert werden. Ihr versicherbarer Lohn ist nach der Koordination mit der AHV sehr klein, nur 7440 Franken.
Als grösster Vorteil entpuppt sich der automatische Beitritt zum UVG. Sie ist jetzt wieder automatisch auch gegen Nichtbetriebsunfälle versichert.

Invalidität Unfall
UVG-Rente: 2250 Franken pro Monat
Invalidität Krankheit
Invalidenrente AHV/IV: 1282 Franken
Kinderrenten AHV/IV: Je 512 Franken
Invalidenrente Pensionskasse: 152 Franken
Kinderrenten Pensionskasse: Je 30 Franken
Total 2518 Franken pro Monat

STELLENWECHSEL/ WIEDEREINSTIEG

FAZIT

KONKUBINAT
Karin muss sich unbedingt genau nach den Bedingungen der neuen Pensionskasse erkundigen. Wichtig ist, dass man sich in einem solchen Fall das Reglement von einer Fachperson im Detail erklären lässt. Die bisherigen Leistungen müssen mit den neuen verglichen werden. Entscheidende Frage: Welche neuen Leistungen kann oder muss ich mit meiner Freizügigkeitsleistung aus der alten Kasse in der neuen einkaufen?

SINGLE
Für Katja gilt bei einem Stellenwechsel dasselbe Fazit: Unbedingt das Reglement der neuen Kasse erklären lassen!

GESCHIEDEN
Bei einem Wiedereinstieg ist die Klärung der Fragen zur neuen Pensionskasse vordringlich. Die Invaliditätsleistungen aus AHV/IV und neuer Pensionskasse bei Krankheit sind ausnahmsweise höher als der Lohn. Auslöser sind die Kinderrenten, die gemäss BVG zu einer Überversicherung führen können.

KARIN

ARBEITSLOS

Karin wird arbeitslos. Sie hat lückenlos Beiträge in die obligatorische Arbeitslosenversicherung eingezahlt. Sie erhält deshalb ein Taggeld von 134 Franken (70 Prozent des bisherigen Tagesverdienstes) während längstens 400 Arbeitstagen. Für diese Taggelder muss sie AHV/IV-Beiträge entrichten.

Arbeitslosentaggelder:
134 Franken während längstens 400 Tagen

KATJA

ARBEITSLOS

Wenn Katja arbeitslos wird, sind die Folgen gleich wie für Karin.
Die Arbeitslosentaggelder werden übrigens wie folgt berechnet: Der Jahreslohn wird erst durch 12 dividiert und anschliessend durch 21,7. 12 steht für 12 Monate und 21,7 für den Jahresdurchschnitt der Arbeitstage pro Monat.

Arbeitslosentaggelder:
134 Franken während längstens 400 Tagen

MONIKA

ARBEITSLOS

Monika wird nach einem Wiedereinstieg arbeitslos. Sie erhält ein Taggeld von 92 Franken (80 Prozent des letzten Verdienstes) während längstens 400 Tagen. Auch sie muss für diese Taggelder AHV/IV-Beiträge entrichten.

Arbeitslosentaggeld:
92 Franken während längstens 400 Tagen

ARBEITSLOS

FAZIT

Für alle drei Fallbeispiele gilt: Der Unfallschutz bleibt während der Dauer des Bezuges von Arbeitslosentaggeldern weiter bestehen, auch für Nichtbetriebsunfälle! Aus dem UVG erhält die oder der Arbeitslose 80 Prozent des letzten Taggeldes.

Doch nun kommt der Hammer: Im Krankheitsfall wird dieser automatische Schutz nur 30 Tage geboten. Wer länger krank ist, erhält keine Arbeitslosenunterstützung mehr, da sie/er ja nicht vermittelbar ist. Deshalb sollten Arbeitslose unbedingt den Übertritt als Einzelversicherte in die Kollektiv-Taggeldversicherung des letzten Arbeitgebers beantragen, sofern dieser eine hat, oder eine Taggeldversicherung bei einer Krankenkasse abschliessen. Achtung: Der oder die Arbeitslose muss unbedingt darauf achten, dass dieser Schutz spätestens am 31. Tag nach dem Stellenverlust vorhanden ist. Noch besser ist es, wenn solche private Taggeldversicherungen schon während eines Arbeitsverhältnisses abgeschlossen werden.

Genauso schlecht sieht es mit der 2. Säule aus. Wenn Arbeitslose die berufliche Vorsorge weiterführen wollen, müssen sie das auf eigene Rechnung tun!

Die mangelnde Koordination der Sozialversicherungszweige ist auffällig: Die AHV/IV, das BVG, das UVG und die Arbeitslosenversicherung sind miserabel aufeinander abgestimmt!

KARIN

PENSIONIERUNG

Karin und ihr Freund können im Pensionsalter mit folgenden Leistungen rechnen, wenn sie zusammenbleiben und ständig in einer BVG-Normkasse versichert sind:

KARIN

AHV-Rente:
1549 Franken

Pensionskassenrente:
1456 Franken

Total: 3005 Franken pro Monat

FREUND

AHV-Rente:
1880 Franken

Pensionskassenrente:
2557 Franken

Total: 4437 Franken pro Monat

KATJA

PENSIONIERUNG

Katja kann im Pensionsalter von 62 Jahren auf dem heutigen Stand mit folgenden Leistungen rechnen, wenn sie ständig in einer BVG-Normkasse versichert war:

AHV-Rente:
1549 Franken

Pensionskassenrente:
1456 Franken

Total: 3005 Franken pro Monat

MONIKA

PENSIONIERUNG

Wenn Monika sich nicht scheiden lässt und auch nicht wieder zu arbeiten beginnt, stehen ihr und ihrem Ehemann im Alter folgende Leistungen zu:

MONIKA

Halbe AHV-Ehepaarrente:
1410 Franken pro Monat

Barauszahlung des verzinsten Freizügigkeitskontos:
38 048 Franken

EHEMANN

Halbe AHV-Ehepaarrente:
1410 Franken

Pensionskassenrente:
2557 Franken

Total: 3967 Franken pro Monat

PENSIONIERUNG

FAZIT

KONKUBINAT
Die Gesamtrente von Karin ist nur genügend, wenn das Konkubinatspaar zusammenbleibt. Rein versicherungstechnisch gesehen, sollte sich niemand auf den Konkubinatspartner verlassen. Schnell kann diese «Sicherheit» verlorengehen, beispielsweise durch Arbeitslosigkeit, Tod, Krankheit oder Trennung. Karin braucht eine 3. Säule.

SINGLE
Katja kann sich im Alter nicht viel leisten, wenn sie ihre Renten nicht durch eine 3. Säule aufbessern kann.

VERHEIRATET
Wenn Monika und ihr Ehemann zusammenbleiben, ist die Zielsetzung des Drei-Säulen-Prinzips, «Fortsetzung der gewohnten Lebenshaltung in angemessener Weise», recht gut erfüllt. Beide erhalten zusammen Renten im Gesamtbetrag von 5377 Franken. Hinzu kommt noch das Kapital aus Monikas früherer Pensionskasse von 38 048 Franken. Trotzdem ist eine 3. Säule denkbar, beispielsweise für eine frühzeitige Pensionierung.

MONIKA

PENSION NACH SCHEIDUNG

Nach einer Scheidung und einem Wiedereinstieg im 41. Lebensjahr, im Jahre 2004, muss Monika nach der Pension mit erschreckend geringen Leistungen auskommen. Dabei sind schon die Erziehungsgutschriften für geschiedene Altersrentnerinnen, die ab 1.1.1994 in Kraft treten, bei der Berechnung mitberücksichtigt. Ohne diese Erziehungsgutschriften sähe die Situation noch verheerender aus!

AHV-Rente: 1549 Franken

BVG-Rente: 225 Franken

Total: 1774 Franken pro Monat

Kapital Freizügigkeitskonto: 38 048 Franken

PENSION NACH SCHEIDUNG

FAZIT

Geschiedene Frauen befinden sich in einem finanziellen Teufelskreis: Das Versorgerprinzip funktioniert nicht mehr. Der Wiedereinstieg ist oft nur als Teilzeiterin möglich. Deshalb ist der Verdienst in der Regel nur klein. Das führt wiederum zu schlechten Vorsorgeleistungen. Schliesslich bleiben die finanziellen Möglichkeiten für einen privaten Schutz gering. Allerdings gibt es trotzdem Möglichkeiten, den privaten Vorsorgeschutz mit relativ geringen Prämienkosten etwas zu verbessern.

So werden die
Lücken geschlossen

Unsere Sozialversicherung ist krank. Dies zeigen die Fallbeispiele mit Karin, Katja und Monika sehr eindrücklich. Politischer Protest hilft im Moment leider nicht viel weiter. Wer sich besser absichern möchte, muss selbst für sich aufkommen. Wir zeigen die Vorsorgesituation der drei erwähnten Frauen auf einen Blick und geben Tips und Empfehlungen, wie Frauen die Lücken im Rahmen ihrer finanziellen Möglichkeiten am besten schliessen können. Zum Glück gibt es relativ günstige Lösungen.

Die drei Fallbeispiele zeigen die guten und die schlechten Seiten unseres Sozialversicherungssystems eindrücklich auf. Die Lücken, vor allem für Frauen, sind frappant. Die Ungerechtigkeiten treten klar zutage. Was ist zu tun? Auf Gesetzesebene ist ein klarer Nachholbedarf zur Gleichstellung von Frau und Mann bei Versicherungsfragen vorhanden. Doch die Politik tut sich schwer angesichts leerer Staatskassen. Nicht einmal eine obligatorische Taggeldversicherung für Frauen hatte kürzlich bei der Behandlung des neuen Krankenversicherungsgesetzes im Nationalrat eine Chance. Dabei zeigt der Fall von Monika eindrücklich, wie schlecht beispielsweise haushaltführende Frauen, die nicht im üblichen Sinne als erwerbstätig gelten, bei einer längeren Krankheit materiell abgesichert sind. Politischer Druck ist nötig, um solche Ungerechtigkeiten aus der Welt zu schaffen. Der Protest darf nie abflauen, trotz härterer wirtschaftlicher Zeiten.

Doch politischer Druck und Protest helfen den Frauen bei Versicherungsfragen kurzfristig nicht weiter. Jede Frau muss für sich selbst noch Möglichkeiten prüfen, wie sie ihren Vorsorgeschutz auf privater Basis verbessern kann – im Rahmen ihrer finanziellen Möglichkeiten.

Wir versuchen, die drei Fallbeispiele im Rahmen einer Gesamtberatung auszuloten und Empfehlungen abzugeben, wie die Lücken am besten und am günstigsten geschlossen werden können. Die Vorgehensweise lehnt sich an seriöse Gesamtberatungen an, wie sie von den Versicherungsgesellschaften je länger je mehr angeboten werden. Die Tips und Empfehlungen machen deutlich, dass auch mit geringen finanziellen Möglichkeiten noch etwas zu machen ist. Es müssen nicht immer teure Lebensversicherungen sein. Gerade für nicht im üblichen Sinne erwerbstätige Hausfrauen gibt es Risikoversicherungen gegen Tod und Invalidität, die relativ günstig sind. Auch zusätzliche Taggeldversicherungen bei Krankenkassen sind erschwinglich. Wichtig ist uns, dass die zusätzlichen Prämienbelastungen das Haushaltbudget nicht vollends sprengen.

DURCHBLICK IM KONKUBINAT

Krankheit

Die grösste Lücke klafft bei der Lohnfortzahlung im Krankheitsfall: Karin erhält im Rahmen des gesetzlichen Minimums nur drei Monate den Lohn. Sie sollte so schnell als möglich bei ihrer Krankenkasse ab dem 91. Tag ein Krankentaggeld von 140 Franken versichern und ein Unfallgeld von 30 Franken, ebenfalls ab dem 91. Tag, wenn die Lohnfortzahlung durch den Arbeitgeber aufhört. Die zusätzlichen Kosten für diese Taggeldversicherung betragen 502 Franken pro Jahr.

Eine solche Taggeldversicherung ist auch von grosser Bedeutung im Falle einer Arbeitslosigkeit. Denn bei Arbeitslosigkeit und gleichzeitiger Krankheit von über 30 Tagen besteht kein Anspruch auf Arbeitslosengelder!

Generell gilt: Beim Arbeitgeber abklären, wie die Lohnfortzahlung geregelt ist. Am besten schriftlich geben lassen!

Invalidität

Vor allem bei einer krankheitsbedingten Invalidität ist Karin massiv unterversichert. Eine jährliche Erwerbsausfallrente von mindestens 15 000 Franken drängt sich auf. Versichern lassen kann sie eine solche Rente bei einer Lebensversicherungsgesellschaft. Obwohl damit eine gewisse Überversicherung entsteht, empfiehlt es sich, das Unfallrisiko einzuschliessen. Das Unfallversicherungsgesetz (UVG) kennt Kürzungen und Verweigerung von Geldleistungen, wenn besondere Wagnisse und Grobfahrlässigkeit im Spiel sind. Die privaten Versicherer verzichten in der Regel auf das ihnen zustehende Recht, die Leistungen zu kürzen. Die Jahresprämie für eine solche Erwerbsausfallrente beträgt bei den Patria Versicherungen 630 Franken. Wenn sie diese Erwerbsausfallrente als Zusatzver-

KARIN Jahresgehalt: 50 000 Franken 30 Jahre alt	Vorübergehende Erwerbsunfähigk
	Unfall
Renten AHV/IV	
UVG	3333
Erwerbsausfall Firma	
Pensionskasse	
Total pro Monat bzw. Kapital	3333 2 Jahre

Invalidität		Tod		Pension	
Krankheit	Unfall	Krankheit	Unfall	Krankheit	
	1760	1760		1549	
	3333				
4166					
		789	11 730	11 730	1456
4166 3 Monate	3750 Maximum	2549	11 730 Kapital	11 730 Kapital	3005

sicherung zu einer Lebensversicherung abschliesst, wird die Jahresprämie wesentlich billiger (siehe unten).

3. Säule

Karin erhält nach ihrer Pensionierung aus der AHV und der Pensionskasse eine Rente von 3000 Franken im Monat. Das ist für sie zu wenig. Wie erwähnt, sollte sich, rein versicherungstechnisch gesehen, niemand auf den Konkubinatspartner verlassen.

Karin sollte bei der 3. Säule Versicherungssparen ins Auge fassen. Mit einer Jahresprämie von 3000 Franken für die 3. Säule kann sie im Alter 60 ein Kapital von zirka 195 000 Franken erwarten, inklusive Überschussanteil. Überschussanteile richten

die Versicherungsgesellschaften aus, wenn die Risikoentwicklung und der Zinsertrag besser ausfallen als erwartet. Die Lebensversicherungsgesellschaften zahlen quasi zuviel verlangte Prämien als Überschussbeteiligung an die Kunden zurück.

Die Jahresprämie von 3000 Franken für einen solchen Vorsorgevertrag kann sie auf ihrer Steuererklärung abziehen. Als Begünstigten im Todesfall sollte sie ihren Freund angeben.

Diesen Vorsorgevertrag kann sie, wie oben erwähnt, mit der Erwerbsausfallrente bei Invalidität kombinieren. In diesem Falle ist die Erwerbsausfallrente eine Zusatzversicherung zum Vorsorgevertrag. Statt 630 Franken pro Jahr kostet sie in dieser Kombination nur noch 405 Franken pro

FREUND Jahresgehalt: 80 000 Franken 35 Jahre alt	Vorübergehende Erwerbsunfähigkeit		Invalidität	
	Unfall	Krankheit	Unfall	Kr
Renten AHV/IV			1880	18
UVG			5333	
Erwerbsausfall Firma	6666* 5333**	6666* 5333**		
Pensionskasse BVG				13
Total pro Monat bzw. Kapital	6666* 5333**	6666* 5333**	6000 Maximum	32

* 1. Jahr   ** 2. Jahr

Jahr. Die Gesamtkosten für eine solche Kombination betragen 3405 Franken pro Jahr. Diesen Betrag kann Karin auf ihrer Steuererklärung abziehen. Im Invaliditätsfall wird sie von Prämienzahlungen für die Rente und den Vorsorgevertrag befreit.

FREUND

Krankheit/Unfall

Karins Freund sollte seine Grundversicherung bei der Krankenkasse zumindest so erhöhen, dass die Behandlungskosten in der allgemeinen Abteilung der Akutspitäler in der ganzen Schweiz gedeckt sind. Die Unfalldeckung und die Lohnfortzahlung sind ausreichend.

Invalidität

Karins Freund ist bei einer krankheitsbedingten Invalidität ebenfalls massiv unterversichert. Für ihn empfiehlt sich eine Erwerbsausfallrente von jährlich 30 000 Franken ab dem 721. Tag bis zum Alter von 65 Jahren. Die Jahresprämie für eine solche Rente beträgt 1410 Franken. Wiederum wird die Prämie wesentlich billiger, wenn die Rente als Zusatzversicherung zu einem Lebensversicherungsvertrag abgeschlossen wird.

3. Säule

Wenn man berücksichtigt, dass beide zusammen ein Jahreseinkommen von 130 000 Franken besitzen, könnte sich eine 3. Säule mit der steuerlich höchst be-

Tod			Pension
Unfall	Krankheit		
			1880
27 666	27 666		2557
27 666 Kapital	27 666 Kapital		4437

günstigten Jahresprämie von 5414 Franken lohnen. Im Alter von 60 Jahren kann Karins Freund mit einem Lebensversicherungskapital von zirka 208 000 Franken rechnen. Das Alter von 60 Jahren als Sparziel ist aus steuerlichen Gründen empfehlenswert, damit 2. und 3. Säule nicht gemeinsam zur Auszahlung gelangen (Progression).
Wenn diese Lebensversicherung in Kombination mit der Erwerbsausfallrente von 30 000 Franken abgeschlossen wird, muss Karins Freund statt 1410 Franken nur noch 960 Franken im Jahr für den Risikoschutz bei Invalidität bezahlen. Im Invaliditätsfall wird sowohl die Rente als auch die Lebensversicherung prämienbefreit. Die Gesamtprämie von 5414 Franken kann er ganz auf der Steuererklärung abziehen.

DIE KOSTEN AUF EINEN BLICK

- **Gemeinsame Haushaltversicherung:** $4^1/_2$ Zimmer, Feuer, Diebstahl, Wasser für 100 000 Franken sowie 3000 Franken Mobiliarverglasung Jahresprämie: 264.80 Franken
(Basis: Helvetia Haushalt)

- **Privathaftpflicht-Familienversicherung:** Versicherungssumme 2 Millionen Franken. Der Konkubinatspartner muss namentlich aufgeführt werden.
Jahresprämie: 141.80 Franken
(Basis: Helvetia Privathaftpflicht)

- **Krankenkasse:**
Karin: 3010 Franken (halbprivat, ganze Schweiz, inklusive Taggeld)
Freund: 1928.40 (allgemein, ganze Schweiz)
Jahresprämien total: 4938.40 Franken
(Basis: Helvetia Krankenkasse, Stadt Zürich)

- **3. Säule:** Erwerbsausfallrenten, Vorsorgeverträge
Karin: 3405 Franken
Freund: 5414 Franken
Jahresprämien total: 8819 Franken
(Basis: Patria Versicherungen)

- **Total Versicherungen:** 14 164 Franken, 1180.35 Franken pro Monat

DIE SITUATION DES SINGLES

KATJA Jahresgehalt: 50 000 Franken 30 Jahre alt	Vorübergehende Erwerbsunfähigk⟨
	Unfall
Renten AHV/IV	
UVG	3333
Erwerbsausfall Firma	
Pensionskasse BVG	
Total pro Monat bzw. Kapital	3333 2 Jahre

Krankheit

Auch Katja stehen nur gesetzlich minimale Lohnfortzahlungen zu, wenn sie für längere Zeit wegen Krankheit ausfällt: Sie erhält nur drei Monate lang den Lohn. Sie sollte deshalb rasch bei ihrer Krankenkasse ab dem 91. Tag ein Krankentaggeld von 140 Franken versichern, einschliesslich 30 Franken Unfallgeld, ebenfalls ab dem 91. Tag. Dieser zusätzliche Schutz ist, wie erwähnt, auch bei Krankheit während einer Arbeitslosigkeit sehr wichtig. Mehrkosten: zirka 500 Franken pro Jahr.

Invalidität

Bei Katja besteht ebenfalls eine massive Unterversicherung bei Invalidität durch Krankheit. Mit einer jährlichen Erwerbsausfallrente bei einer Versicherung von 15 000 Franken bei Krankheit und Unfall ist sie besser gedeckt. Die Kosten: zirka 630 Franken pro Jahr. Die Überversicherung bei Unfall nimmt sie in Kauf, weil sie weiss, dass das UVG in bestimmten Fällen Leistungskürzungen vorsieht.

3. Säule

Katja kann sich im Alter nicht viel leisten, wenn sie die Leistungen aus der AHV und der Pensionskasse nicht durch eine 3. Säule verbessert. Empfehlenswert ist für Katja als Single eher Banksparen. Wenn sie diszipliniert 30 Jahre lang 3000 Franken einzahlt, kann sie mit einem Zins von 5,25 Prozent ein Alterskapital von zirka 219 000 Franken erzielen.

	Invalidität			Tod		Pension
Krankheit	Unfall	Krankheit	Unfall		Krankheit	
	1760	1760				1549
	3333					
4166						
		789	11 730		11 730	1456
4166 3 Monate	3750 Maximum	2549	11 730 Kapital		11 730 Kapital	3005

Mit Versicherungssparen wären es rund 200 000 Franken, inklusive Risikoschutz bei Tod und Invalidität sowie Prämienbefreiung bei Invalidität. Vorteil: Sowohl die regelmässigen Einzahlungen auf das Bankkonto als auch die Jahresprämie für die Erwerbsausfallrente können auf der Steuererklärung als gebundene Vorsorge abgezogen werden!

DIE KOSTEN AUF EINEN BLICK

- **Haushaltversicherung:**
3$^1/_2$ Zimmer, Feuer, Diebstahl, Wasser für 70 000 Franken sowie 3000 Franken Mobiliarverglasung
Jahresprämie: 192.70 Franken
(Basis: Helvetia Haushalt)

- **Privathaftpflicht-Einzelversicherung:**
Versicherungssumme 2 Millionen Franken
Jahresprämie: 111.40 Franken
(Basis: Helvetia Privathaftpflicht)

- **Krankenkasse:**
3010 Franken, halbprivat, ganze Schweiz, inklusive Taggeld
(Basis: Helvetia Krankenkasse, Stadt Zürich)

- **3. Säule:**
Banksparen, selbständige Erwerbsausfallrente: 3630 Franken
(Basis: Patria Versicherungen)

- **Total Versicherungen:**
6944.10 Franken, 578.65 Franken pro Monat

VERHEIRATET...

Wenn Monika und ihr Ehemann zusammenbleiben, wird die Zielsetzung des schweizerischen Drei-Säulen-Konzepts erreicht. Schlecht ist der Versicherungsschutz von Monika bei längerer Krankheit, Unfall, Invalidität oder Tod.

Krankheit/Unfall
Sofort sollte Monika bei der Krankenkasse ein Taggeld von 30 Franken einschliessen (Wartefrist ein Monat) und die Grundversicherung auf allgemein, ganze Schweiz erhöhen. Mehrkosten für die Taggeldversicherung und Erhöhung: rund 240 Franken pro Monat.

Invalidität
Der Invaliditätsschutz sieht nur auf den ersten Blick relativ gut aus: Die Kinderrenten werden nämlich nur bis zum 18., respektive 25. Altersjahr ausbezahlt, und Monikas Rente wird mit zunehmendem Alter kleiner. Empfehlenswert ist eine Erwerbsausfallrente von jährlich 12 000 Franken ab dem 721. Tag bis zum Alter von 62 Jahren. Diese Rente kann als Zusatzversiche-

MONIKA 30 Jahre alt	Vorübergehende Erwerbsunfähigk Unfall
Renten AHV/IV	
Kinderrenten AHV/IV	
Total Renten pro Monat	
Freizügigkeitskonto Bank: 11 730	

EHEMANN Jahresgehalt: 80 000 Franken 35 Jahre alt	Vorübergehende Erwerbsunfähigk Unfall
Renten AHV/IV	
Zusatzrente Ehefrau	
UVG	
Erwerbsausfall Firma	6666 2 Jahre
Kinderrenten AHV/IV	
Kinderrenten UVG	
Pensionskasse BVG	
Kinderrenten BVG	
Total pro Monat	6666 2 Jahre

Nicht frankieren
Ne pas affranchir
Non affrancare

Geschäftsantwortsendung Invio commerciale-risposta
Envoi commercial-réponse

annabelle
Abo-Service
Postfach
8036 Zürich

☐ Ich bestelle ein annabelle-
Schnupperabo und profitiere
vom günstigen Angebot.
2 Monate (4 Ausgaben)
für nur Fr. 15.–.
Gültig bis 31. 10. 94.

Vorname: _____
Name: _____
Strasse: _____
PLZ/Ort: _____
Telefon: _____
Unterschrift: _____   50.073

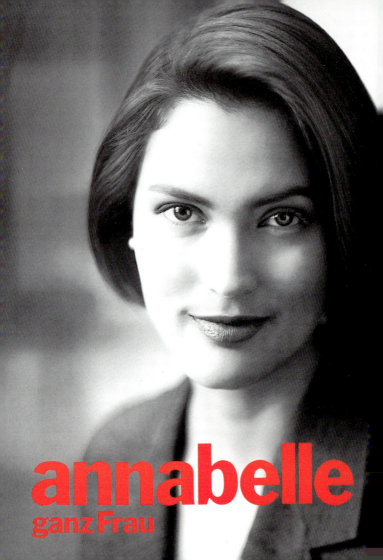

	Invalidität		Tod		Pension
Krankheit	Unfall	Krankheit	Unfall	Krankheit	
	1760	1760			1410 Halbe Ehepaarrente
	1408	1408	1240	1240	
	3168	3168	1240	1240	1410
					Kapital: 38 048

	Invalidität		Tod		Pension
Krankheit	Unfall	Krankheit	Unfall	Krankheit	
	1880	1880	1504	1504	1410 Halbe Ehepaarrente
	564	564			
	5333		2666		
6666 2 Jahre					
	1504	1504	1504	1504	
			2000		
		1330		798	2557
		532		532	
6666 2 Jahre	6000 Maximum	5810	6000 Maximum	4338	3967

rung zu einer Todesfall-Risikoversicherung abgeschlossen werden, was die Prämie wesentlich verbilligt.

Tod

Sollte Monika sterben, ist der Ehemann bei der Anstellung eines Kindermädchens finanziell überfordert. Empfehlung: Das Ehepaar sollte für Monika eine Todesfall-Risikoversicherung von 100 000 Franken mit abnehmendem Kapital bis Endalter 60 abschliessen. Eine solche Risikoversicherung funktioniert folgendermassen: Mit jedem Jahr nimmt das Todeskapital um 3333 Franken ab. 100 000 Franken im ersten Jahr nach Abschluss, 96 667 Franken im zweiten Jahr, 93 334 im dritten – und so fort bis 3333 im letzten Jahr. Die Überlegung dabei: Der beste Schutz ist vorhanden, wenn die Kinder noch klein sind. Je näher die Pensionierung des Ehemannes rückt, desto weniger wichtig ist dieser Risikoschutz. Eine solche Risikoversicherung ist relativ günstig: Die Jahresprämie beträgt 584 Franken im ersten Jahr, ab dem zweiten Jahr 493 Franken usw., inklusive die Prämie für die Erwerbsausfallrente bei Invalidität.
Ungerecht, ja diskriminierend ist, dass dieser Vorsorgeschutz im Rahmen der gebundenen 3. Säule auf der Steuererklärung nicht abgezogen werden kann. Grund: Monika ist nicht erwerbstätig. Beim Pauschalabzug für Versicherungsprämien fällt diese Prämie steuermässig nicht ins Gewicht, da der Höchstbetrag bereits durch die anderen Versicherungen erreicht wird.

EHEMANN

Der Ehemann ist recht gut versichert. Ausnahme: Invalidität und Tod infolge Krankheit. Gegenüber der optimalen Unfalldeckung fehlen bei der Invalidität jährlich zirka 27 000 Franken Ersatzeinkommen und im Todesfall jährlich zirka 20 000 Franken Hinterlassenenrenten.

Invalidität

Empfehlenswert ist eine Erwerbsausfallrente von jährlich 27 000 Franken ab dem 721. Tag auf Endalter 65 bei einer krankheitsbedingten Invalidität. Sie kann als Zusatzversicherung zu einer Hinterbliebenen-Zeitrente im krankheitsbedingten Todesfall abgeschlossen werden (siehe unten).

Tod

Empfehlenswert ist für den krankheitsbedingten Tod eine Hinterbliebenen-Zeitrente von 20 000 Franken pro Jahr. Eine solche Zeitrente ist zahlbar ab dem Todestag des Gatten bis zu dem Jahr, in dem er pensioniert worden wäre. Die letzten fünf Versicherungsjahre sind für eine solche Zeitrente prämienfrei.

Die Kosten für eine solche Hinterbliebenen-Zeitrente, inklusive Erwerbsausfallrente: 2604 Franken im ersten Jahr und 1995 Franken ab dem zweiten Jahr usw. Diese Beträge sind als gebundene Vorsorge auf der Steuererklärung abziehbar.

3. Säule

Sollte die Familie eine 3. Säule in Erwägung ziehen, kommt am ehesten eine Säule 3b ohne Sparzwang und mit freier Laufzeit auf der Bank in Frage. Vorteil: Unregelmässige Zahlungen sind möglich. Nachteil: Die Einzahlungen sind nicht als gebundene Vorsorge auf der Steuererklärung abziehbar.

DIE KOSTEN AUF EINEN BLICK

- **Haushaltversicherung:**
$4^1/_2$ Zimmer, Feuer, Diebstahl, Wasser für 100 000 Franken sowie 3000 Franken Mobiliarverglasung
Jahresprämie: 264.80 Franken
(Basis: Helvetia Haushalt)

- **Privathaftpflicht-Familienversicherung:**
Versicherungssumme 2 Millionen Franken
Jahresprämie: 141.80 Franken
(Basis: Helvetia Privathaftpflicht)

- **Krankenkasse:**
Monika: 2162.40 Franken (allgemein, ganze Schweiz, inklusive Taggeld)
Ehemann: 1928.40 Franken (allgemein, ganze Schweiz)
Kinder: 1288.80 Franken
Total: 5379.60 Franken
(Basis: Helvetia Krankenkasse, Stadt Zürich)

- **Erwerbsausfallrenten und Todesfall-Leistungen:**
Jahresprämien ab drittem Versicherungsjahr:
Monika: 460.60 Franken
Ehemann: 1908.60 Franken
Total: 2369.20 Franken
(Basis: Patria Versicherungen)

- **Total Versicherungen:**
8155.40 Franken, pro Monat 679.60 Franken

...UND GESCHIEDEN

Bei einer Scheidung bricht für Monika das Eis. Am verheerendsten sieht die Situation im Alter aus. Zum Glück hat Monika nach der Hochzeit die Pensionskassengelder auf ein Freizügigkeitskonto gelegt. Das verzinste Kapital von rund 38 000 Franken wird sie noch bitter nötig haben. Etwas verbessert wird die Situation durch die Erziehungsgutschriften für geschiedene Altersrentnerinnen, die ab dem 1. Januar 1994 gelten. Monika kann sich nur den allernötigsten Versicherungsschutz leisten.

Krankheit

Einschluss eines Krankentaggeldes von 80 Franken bei der Krankenkasse (Wartefrist ein Monat) und Erhöhung Grundversicherung. Mehrkosten: 556.80 Franken pro Jahr, 46.40 Franken pro Monat.

Invalidität

Erwerbsausfallrente von jährlich 10 000 Franken ab dem 721. Tag bis zum Alter von 62 Jahren als Zusatzversicherung zu einer Todesfall-Risikoversicherung auf Endalter 60 (siehe unten).

MONIKA Wiedereinstieg nach 10 Jahren, Jahresgehalt: 30 000 Franken	Vorübergehende Erwerbsunfähigkeit Unfall
Renten AHV/IV	
UVG	2000
Erwerbsausfall Firma	
Kinderrenten AHV/IV	
Pensionskasse BVG	
Kinderrenten BVG	
Total pro Monat	2000 2 Jahre
Freizügigkeitskonto Bank: 11 730	

Tod

Empfehlenswert ist eine Todesfall-Risikoversicherung von 50 000 Franken auf Endalter 60. Mit diesem Kapital, das ihr im Alter von 60 Jahren zur Verfügung steht, kann sie sich und ihren Kindern etwas mehr Sicherheit bieten.
Mehrkosten: 565 Franken im ersten Jahr, 434.75 Franken ab dem dritten Jahr, inklusive Prämie für die Erwerbsausfallrente bei Invalidität.
Entscheidend ist bei einem solchen Fallbeispiel, wieviel der Ehemann nach der Scheidung zur Existenzsicherung beiträgt.

	Invalidität		Tod		Pension
Krankheit	Krankheit	Unfall	Krankheit	Unfall	Krankheit
	1282	1282			1549*
		2000			
2500					
	1024	1024	1240	1240	
		152			225
		60	60	60	
2500 3 Monate	2250 Maximum	2518	1300	1300	1774
					Kapital: 38 048

*Mit Erziehungsgutschriften ab 1.1.1994

DIE KOSTEN AUF EINEN BLICK

- **Haushaltversicherung:**
3½ Zimmer, Feuer, Diebstahl, Wasser für 50 000 Franken sowie 3000 Franken Mobiliarverglasung
Jahresprämie: 137.70 Franken
(Basis: Helvetia Haushalt)

- **Privathaftpflicht-Familienversicherung:**
Versicherungssumme 2 Millionen Franken
Jahresprämie: 141.80 Franken
(Basis: Helvetia Privathaftpflicht)

- **Krankenkasse:**
3774 Franken, allgemein, ganze Schweiz für sie und ihre beiden Kinder unter 15 Jahren, inklusive Taggeld
(Basis: Helvetia Krankenkasse, Stadt Zürich)

- **Erwerbsausfallrenten und Todesfall-Leistungen:**
Jahresprämie: 434.75 Franken ab drittem Versicherungsjahr
(Basis: Patria Versicherungen)

- **Total Versicherungen:**
4488.25 Franken, 374 Franken pro Monat

WEITERE BEISPIELE AUF EINEN BLICK

Drei weitere häufige Lebenssituationen kurz beleuchtet: eine erwerbstätige Ehefrau ohne Kinder, eine alleinstehende, selbständige Unternehmerin und eine Frau mit einem Kind, die im Betrieb des Ehemannes mitarbeitet. Ihre Vorsorgesituation auf einen Blick und unsere Empfehlungen, wie die drei Frauen ihren Vorsorgeschutz verbessern können. Die grössten Vorsorgeprobleme stellen sich durchwegs beim Erwerbsausfall, im Todesfall und bei der Altersvorsorge.

VERHEIRATET, TEILWEISE ERWERBSTÄTIG, OHNE KINDER

Verheiratete Frau, 40jährig, teilweise erwerbstätig (50 Prozent), keine Kinder, Erwerbseinkommen: Frau 32 000 Franken, Mann 78 000 Franken

Für dieses Beispiel ist wichtig zu wissen, dass Frauen ohne Kinder erst AHV-Witwenrenten erhalten, wenn sie 45 Jahre alt sind und mindestens 5 Jahre verheiratet waren. In unserem Fall erhält die Frau lediglich eine Witwenabfindung in der Höhe einer fünffachen Jahres-Witwenrente. Aus dem UVG erhält sie ebenfalls nur eine Witwenabfindung. Es sind deshalb folgende Massnahmen empfehlenswert:

Krankheit

Frau: Krankentaggeld von 15 Franken bei der Krankenkasse (Wartefrist je nach Lohnfortzahlung des Arbeitgebers).
Mann: Krankentaggeld von 95 Franken bei der Krankenkasse (Wartefrist je nach Lohnfortzahlung des Arbeitgebers).

Invalidität

Frau: Erwerbsausfallrente von jährlich 5400 Franken auf Endalter 62, einschliesslich Unfallrisiko.
Mann: Erwerbsausfallrente von 26 000 Franken jährlich (nur Krankheit) und zusätzlich jährlich 8000 Franken (Krankheit und Unfall) bis Endalter 65.

Vorsorgeproblem	Bestehender Schutz durch 1. und 2. Säule (Unfall/Krankheit)	Vorsorgelücke
Frau wird arbeits-/erwerbsunfähig – Krankheit – Unfall	IV/BVG: 1644 IV/BVG: 2400	ca. 450 keine Lücke!
Mann wird erwerbsunfähig – Krankheit – Unfall	IV/BVG: 3667 IV/BVG: 5850	ca. 2800 650
Frau stirbt infolge – Krankheit – Unfall	Angesammeltes Altersguthaben BVG von ca. 7750 als einmalige Kapitalauszahlung	ca. 2000 (Kosten einer Haushalthilfe)
Mann stirbt infolge – Krankheit – Unfall	AHV-Witwenabfindung: 90 240 BVG-Rente: 735 AHV-Witwenabfindung: 90 240 UVG-Witwenabfindung: 156 000	ca. 5400
Frau und/oder Mann sind pensioniert	AHV/BVG: 5364	ca. 3800

Tod

Frau: Todesfallversicherung mit konstantem oder abnehmendem Kapital (je nach Auswirkungen ihres Lohnausfalls) in Kombination mit der Erwerbsausfallrente.
Mann: Hinterlassenen-Zeitrente von jährlich 60 000 Franken auf Endalter 65, ebenfalls in Kombination mit der Erwerbsausfallrente. Wenn der Mann stirbt, erhält die Frau jährlich eine Rente von 60 000 Franken – bis zu dem Jahr, in dem der Mann 65 geworden wäre.

3. Säule

Beide können sich eine Säule 3a mit dem maximalen Steuerabzug von 5514 Franken leisten.

Die Kosten

Frau: 585.80 Franken jährlich
Mann: 5184.20 Franken jährlich

SELBSTÄNDIGE UNTERNEHMERIN

Single, 33jährig, ledig, selbständige Unternehmerin, keine Kinder,
Betriebseinkommen: 70 000 Franken

Vorsorgeproblem	Bestehender Schutz durch 1. und 2. Säule	Vorsorgelücke
Frau wird arbeits-/erwerbsunfähig	IV: 1880*	3953
Frau ist pensioniert	AHV: 1880	3953

*Frühestens nach 360 Tagen

Für eine selbständige Unternehmerin (Einzelfirma der Kollektivgesellschaft) ist weder das UVG noch die Pensionskasse obligatorisch. Freiwillige Anschlüsse sind möglich. Bei diesem Beispiel ist die Vorsorgelücke im Alter beträchtlich, ebenso die Lücke beim Erwerbsausfall.
Für unser Beispiel sind deshalb folgende Massnahmen empfehlenswert:

Krankheit/Unfall
Kranken- und Unfalltaggeld von 190 Franken abschliessen. Die Wartefrist ist sehr individuell, je nach den Überbrückungsmöglichkeiten. Möglich ist der Einschluss in die bestehende Krankenkasse, in eine Kollektiv-Taggeldversicherung oder private Taggeldversicherung.

Invalidität
Erwerbsausfallrente von zirka 40 000 bis 48 000 Franken pro Jahr ab dem 721. Tag auf Endalter 62. Das Unfallrisiko muss unbedingt eingeschlossen werden.

3. Säule
In Kombination mit der Erwerbsausfallrente ist der Abschluss einer Lebensversicherung mit 200 000 Franken Erlebensbeziehungsweise Todesfallkapital empfehlenswert. Die Prämien dürfen – sofern Steuereinsparungen im Rahmen der 3. Säule erwünscht sind – 20 Prozent des Erwerbseinkommens nicht überschreiten.

Die Kosten
8070 Franken jährlich, inklusive Lebensversicherung

MITARBEIT IM BETRIEB DES MANNES

Verheiratete Frau, 38jährig, arbeitet im Betrieb ihres Mannes mit, ein Kind, Betriebseinkommen: 150 000 Franken

Vorsorgeproblem	Bestehender Schutz durch 1. und 2. Säule	Vorsorgelücke
Frau wird arbeits-/erwerbsunfähig	IV: 1385	Haushalthilfe Arbeitskraft Betrieb
Mann wird erwerbsunfähig	IV: 3196	9304
Frau stirbt infolge Krankheit oder Unfall	AHV-Waisenrente: 376	Haushalthilfe Arbeitskraft Betrieb
Mann stirbt infolge Krankheit oder Unfall	Witwen- und Waisenrente: 2656	10 244
Frau und/oder Mann sind pensioniert	Ehepaar-Altersrente: 2880	9680

In diesem Beispiel erhält die Frau keinen Lohn. Frauen, die im Betrieb des Mannes mitarbeiten, sollten jedoch unbedingt einen Lohn erhalten. Dann gelangen sie automatisch in den Schutz der AHV, des BVG und des UVG. Ansonsten müssen zumindest folgende Vorkehrungen getroffen werden – auch für den Ehemann:

Krankheit/Unfall
Kranken- und Unfalltaggeld für sie von 23 Franken, für ihn von 300 Franken.

Invalidität
Erwerbsausfallrente von 8000 Franken jährlich für sie und von 90 000 Franken für ihn – ab dem 721. Tag auf Endalter 62 bzw. 65. Unbedingt mit Einschluss des Unfallrisikos.

Tod
Todesfallversicherung mit gleichbleibendem Kapital von 100 000 Franken für sie, falls der Ehemann sterben sollte. Todesfall-Hinterbliebenen-Zeitrente von jährlich 50 000 Franken, damit der Mann jemanden einstellen kann, falls die Frau stirbt.

Die Kosten
Frau: 1860.50 jährlich
Mann: 8046 jährlich
(ohne private Altersvorsorge)

Der restliche
Versicherungsordner

Reiseversicherung, Hausratversicherung, Schmuckversicherung, Haftpflicht und so fort: Auf den folgenden Seiten werden die wichtigsten privaten Sachversicherungen erläutert und mit Tips ergänzt. Verheiratete Frauen und Frauen im Konkubinat sollten sich unbedingt an den Versicherungsabschlüssen beteiligen und das Thema Versicherungen nicht einfach ihren Männern und Partnern überlassen.

Vorab einige allgemeine Tips zum Thema Sach- und Personenversicherungen, die wir in Zusammenarbeit mit Nationalrätin Lili Nabholz, Ombudsfrau der Privatversicherer, zusammengestellt haben:

● Beantworten Sie beim Abschluss von Versicherungen alle gestellten Fragen vollständig und wahrheitsgetreu. Die Versicherung kann die Leistungspflicht verweigern, wenn nachweisbar falsche Angaben gemacht und Dinge verschwiegen worden sind.

● Lassen Sie sich nicht zu einem Versicherungsabschluss drängen. Unterzeichnen Sie einen Versicherungsvertrag nur, wenn sie alles verstanden haben und restlos überzeugt sind, dass sie den mit dem Versicherungsexperten besprochenen Versicherungsschutz auch wirklich brauchen.

● Wenn sich Ihre Lebenssituation ändert, sollten Sie ihr Versicherungs-Portefeuille überprüfen und allenfalls Anpassungen beantragen. Es entstehen vielleicht Lücken oder es sind möglicherweise auch Überversicherungen zu eliminieren.

● Wenn Sie einen Versicherungsvertrag kündigen möchten, sollten Sie unbedingt in den Allgemeinen Bedingungen die Fristen und Voraussetzungen prüfen. Bei einer Kündigung ausserhalb des Termins läuft die Versicherung weiter. Auf solche Kündigungen reagieren die Gesellschaften vielfach nicht. Die nachfolgende Prämienrechnung kann deshalb nicht einfach weggeworfen werden. Sie riskieren dann, dass Ihnen Mahnungen zugestellt werden.

● Prämien sollten pünktlich bezahlt werden. Werden Sie gemahnt, muss der Betrag zwingend innerhalb der Mahnfrist bezahlt werden. Andernfalls tritt der Vertrag ausser Kraft. Während dieser Zeit besteht für Schadenfälle kein Versicherungsschutz.

● Verlangen Sie von Ihrem Ehepartner oder Lebenspartner vollen Einblick in alle Versicherungen. Noch besser ist es, wenn Sie sich schon beim Versicherungsabschluss beteiligen. Lassen Sie sich jedenfalls informieren, wo Sie begünstigt sind. Dies ist vor allem in Scheidungsverfahren wichtig!

Reiseversicherung: Oft unterschätzt

Ich habe eine gute Krankenkasse! Wenn ich die Reise mit meiner Kreditkarte bezahle, ist eine Reiseversicherung inbegriffen. Dann besitze ich ja noch den TCS-Schutzbrief. Im Extremfall können mich drei Helikopter im Ausland abholen und ins nächste Schweizer Spital bringen. Wieso soll ich da noch eine Ferien- und Reiseversicherung abschliessen? Eine oft gestellte Frage. Doch Vorsicht: Der Teufel steckt im Detail!

Kehren wir zu unseren Beispielen zurück. Karin und ihr Freund, unser Konkubinatspaar, leisten sich eine Fernostreise. Sie wollen zwei Wochen Strandferien in Thailand verbringen, unterbrochen von einer einwöchigen grossen Thailand-Rundreise. Während der Reisevorbereitungen stösst Karin auch auf die Heilungskostendeckung im Ausland. Glücklicherweise, denn beide finden in ihrer Krankenversicherung Lücken.

Sollte Karins Freund auf der Reise einen Spitalaufenthalt benötigen, übernimmt die Krankenkasse zwar 500 Franken pro Tag, aber nur in Europa. Ausserhalb von Europa deckt sie die Heilungskosten nur bis zu den Kosten in einem Akutspital des Wohnkantons. Rücktransport und Bergungskosten sind nicht gedeckt.

Karins Zusatzversicherung übernimmt zwar komfortable 1000 Franken Spitalkosten pro Tag, aber ebenfalls nur in Europa! In Thailand ist sie gleich schlecht abgesichert wie ihr Freund. Sollten die beiden verunfallen, übernimmt die staatliche Unfallversicherung die Kosten nur bis zum doppelten Betrag einer Behandlung in der allgemeinen Abteilung eines Schweizer Spitals.

Sie entschliessen sich deshalb für eine Reiseversicherung und sind überrascht, wie gering die Versicherungskosten im Vergleich zu den Reisekosten sind: Sie setzen sich beispielsweise bei der Helvetia Ferien- und Reiseversicherung im Baukastensystem ein Paket für die Dauer von 22 Tagen zusammen. Preis: 231 Franken für beide. Darin enthalten sind:
Heilungskosten unlimitiert.
Rücktransport in die Schweiz (falls medizinisch notwendig) unlimitiert.
Bergungs- und Rettungsaktionen bis 20 000 Franken.
Gepäckversicherung bis 8000 Franken.
Rechtsschutz im Ausland.

Katja, unser Single, möchte mit einer Freundin vier Wochen in die USA! Während eines Vorbereitungsabends vergleichen die beiden ihren Versicherungsschutz. Sie stellen Unterschiede und verschiedene Haken fest. Der Schutz von Katjas komfortabler Spitalzusatzversicherung reicht nicht bis in die USA. Jener ihrer Freundin ebenfalls nicht.
Sie können sich bei der Helvetia Ferien- und Reiseversicherung als Paar versichern lassen. Ihr massgeschneidertes Paket kostet

289 Franken für beide und bietet einen Versicherungsschutz für 31 Tage. Die Leistungen: Heilungskosten unlimitiert (ein Spitalaufenthalt in den USA kann sehr teuer zu stehen kommen). Unlimitierte Kosten für den Rücktransport in die Schweiz (falls medizinisch notwendig). Bergungs- und Transportkosten bis 20 000 Franken. Reisegepäck-Versicherung bis 8000 Franken und Ausland-Rechtsschutz.

Und schliesslich unsere Familie: Sie fährt mit dem Auto für zwei Wochen nach Italien. Monika und ihr Mann besitzen einen ETI-Schutzbrief des TCS, der in erster Linie das Fahrzeug absichert und eine Personen-Assistance bietet.
Trotzdem entschliessen sie sich für eine Reiseversicherung. Sie möchten Heilungskosten bis zu 100 000 Franken pro Familienmitglied gedeckt wissen und ihr Reisegepäck für 8000 Franken versichern. In Italien weiss man ja nie…
Dieses Paket kostet 176 Franken für die ganze Familie, inklusive Rechtsschutz.
Eine Reiseversicherung bietet zudem einen «psychologischen Schutz»: Die Notrufnummer von Medicall, etwa, ist sieben Tage rund um die Uhr besetzt. Die Fachleute am Telefon können alles Notwendige veranlassen, wenn einem etwas zustösst, beispielsweise auch fernschriftliche Kostengutsprachen. Die Ferienpartner sind nicht auf sich allein gestellt. Niemand muss mühsame Telefonate mit der Krankenkasse in der Heimat führen, was vor allem nachts und an Wochenenden ein grosser Vorteil ist.

TIPS

- Prüfen Sie vor einer Auslandreise Ihren Versicherungsschutz. Erkundigen Sie sich insbesondere bei Ihrer Krankenkasse, wie Ihre Auslanddeckung geregelt ist.

- Lassen Sie sich nicht von Angeboten täuschen, die die Rückschaffung per Flugzeug oder Helikopter in den Vordergrund schieben. Rückschaffungen werden in aller Regel nur übernommen, wenn sie medizinisch notwendig sind!

- Notieren Sie sich die Notrufnummer Ihrer Reiseversicherung mit der Schweizer Vorwahl in Ihrem Ferienland! Tragen Sie sie stets auf sich.

Hausrat: Nicht zuviel, nicht zuwenig

Keine Wohnungseinrichtung ohne Hausratversicherung: Sie deckt in der Regel die Risiken Feuer, Diebstahl, Einbruch, Wasserschäden und Glasbruch ab. Achten Sie darauf, dass Ihr Mobiliar nicht zu hoch oder zu niedrig versichert ist. Wichtig ist, dass die Versicherungssumme von Zeit zu Zeit überprüft wird, um Unterversicherungen und damit Entschädigungskürzungen zu vermeiden. Achten Sie auf Leistungsbegrenzungen bei Einbruch und Diebstahl!

Die Leistungsbegrenzungen bei Diebstahl und Einbruch geben immer wieder zu Diskussionen Anlass. Schmuck beispielsweise gehört zwar zum Hausrat, aber er ist zu Hause meist nur bis zu einem relativ geringen Höchstbetrag gegen einfachen Diebstahl versichert. Beschädigungen, Verlieren und Abhandenkommen sind nicht mitversichert. Für diese Fälle bietet sich eine spezielle Wertsachenversicherung an. Vielleicht wollen Sie zusätzliche Risiken abdecken, die in einem Normpaket nicht enthalten sind, zum Beispiel können Sie sich Lebensmittel ersetzen lassen, die durch einen nicht beabsichtigten Ausfall des Kühlaggregates ungeniessbar geworden sind. Streitpunkte sind immer wieder Sengschäden an Möbeln und Kleidern, verursacht durch brennende Kerzen, Cheminéefeuer und ähnliches. In der Regel sind solche Schäden nicht versichert. Einige Versicherer übernehmen sie auf Wunsch bis zu einer oberen Grenze von 2000 Franken. Wenn Sie Mieterin sind, dann können sie in der Regel auf eine Glasbruchversicherung verzichten. Wenn Sie oder Ihre Kinder einen Glasbruch an Gebäuden, Schäden an Fensterscheiben, Lavabos, Bidets, Klosets und so weiter selbst verschulden, kommt die Haftpflichtversicherung dafür auf.

TIPS

• Bei Scheidung oder Auflösung eines Konkubinats sofort eigenen Hausrat neu versichern oder mindestens sofortige Deckungszusage verlangen.

• Bei einem Zusammenzug durch Heirat oder Konkubinat: Wenn die beiden bisherigen Hausratversicherungen nicht bei der gleichen Gesellschaft abgeschlossen worden sind, jene auflösen, die weniger Treuebonus oder Schadenfreiheitsrabatt bietet. Sofort richtige Versicherungssumme festlegen, damit keine Unterversicherung entsteht. Damit bei einer Trennung oder Scheidung der Treuebonus oder Schadenfreiheitsrabatt nicht verlorengeht, im Vertrag beide Personen als Antragsteller aufführen.

• Bei einmaligen grösseren Anschaffungen Anpassung der Hausratversicherung nicht vergessen.

• Die Kosten einer Hausratversicherung können Sie den Fallbeispielen vorne entnehmen.

Schmuckversicherung:
Sicher ist sicher

Sie besitzen etwas Schmuck, nicht zu üppig, aber immerhin: ein Goldarmband mit den passenden Ohrringen, ein Collier und sonst noch einige wertvolle Stücke.
Zusammen haben sie einen Wert von 10 000 Franken. Sie tragen die Stücke auch öfters; sie bewahren sie nicht ständig in einem Banksafe auf. Der Abschluss einer speziellen Schmuckversicherung könnte sich in diesem Fall lohnen. Vor allem, weil auch Verlieren, Beschädigungen und Abhandenkommen versichert sind.

Der Blick in die Diebstahlversicherung (meist kombiniert mit der Hausratversicherung) zeigt: Der Schmuck ist schlecht gedeckt. Zu Hause geht es noch, aber auswärts ist er gegen Diebstahl ungenügend versichert. In den Allgemeinen Versicherungsbedingungen Ihrer Hausratversicherung können Sie den Versicherungsschutz für Schmucksachen nachschlagen. Wenn Sie Schmuckstücke verlieren oder verlegen, haben Sie ohnehin das Nachsehen.

Sie können eine spezielle Schmuckversicherung abschliessen: Solche Wertsachen-Versicherungen sind sogenannte «All-Risks-Versicherungen». Sie decken nicht nur die Risiken Diebstahl und Beraubung, sondern auch Verlieren, Verlegen und Beschädigung ab.

Wenn Sie Ihren Schmuck für 10 000 Franken versichern lassen, beträgt die Jahresprämie in der Regel 100 Franken mit einem Selbstbehalt. Der Selbstbehalt beträgt 10 Prozent der Versicherungssumme, im Minimum 200 Franken.

Sie müssen jedes einzelne Stück deklarieren und einen Wiederbeschaffungspreis für jedes Stück vereinbaren. Versichert wird dann der Preis zum Zeitpunkt des Schadens. Aufgepasst: Die Versicherung zahlt nie mehr als die vereinbarte Versicherungssumme. Lassen Sie deshalb Ihre Schmuckstücke in regelmässigen Abständen schätzen und passen Sie die Versicherungssummen notfalls an. Der Preis von Goldschmuck ist nämlich grossen Schwankungen unterworfen (Goldpreis). Für die Kosten von Schätzungen müssen Sie selbst aufkommen.

TIPS

- Versichern Sie nur Schmuckstücke, die Sie wirklich tragen und die einen bestimmten Wert haben. Empfehlenswert ist eine Schmuckversicherung für alle Schmuckstücke, die mehr als 1000 Franken wert sind.

- Nebst Schmuck können auch Pelze, Musikinstrumente und Bilder versichert werden.

- Bewahren Sie sicherheitshalber alle Quittungen auf. Sie ersparen sich so eine Menge Ärger mit der Versicherung.

- Ein Neueinschluss erfolgt in der Regel gestützt auf eine aussagekräftige Quittung oder Rechnung. Also aufbewahren!

Privathaftpflicht: Ein Muss für alle

Die Privathaftpflichtversicherung ist eine der wichtigsten Versicherungen überhaupt und sollte in jedem Haushalt vorhanden sein. Dieser Zweig deckt im privaten Umfeld alle Haftpflichtschäden ab. Die Schäden können enorme finanzielle Folgen haben. Deshalb sind die Versicherungssummen in der Regel sehr hoch: bis zu mehreren Millionen Franken. Sie können sich sowohl als Einzelperson versichern lassen als auch als ganze Familie.

Die Privathaftpflichtversicherung kommt sicher am häufigsten bei Mieterschäden zum Tragen. Aber aufgepasst: Abnützungsschäden werden nicht übernommen, also keine allmählich beschädigten Tapeten, Wände, Teppiche usw., sondern nur einmalige Schäden wie von den Kindern zerrissene Tapeten, zerbrochene Fensterscheiben oder Lavabos.

Stichwort Abnützung: Als Mieterin müssen Sie nicht für alle Abnützungsschäden allein aufkommen. Ein Spannteppich mit Weinflecken und Zigarettenlöchern beispielsweise hat über die Jahre ohnehin an Wert verloren. Diesen Wertverlust muss der Vermieter tragen. Sie müssen im Schnitt nur noch etwa einen Drittel des Neupreises bezahlen.

Angesichts der möglichen hohen Schadensummen gibt es bei der Privathaftpflichtversicherung Selbstbehalte nur bei Mieterschäden. Es ist jedoch ratsam, auf solche Selbstbehalte zu verzichten und eine etwas teurere Prämie zu bezahlen.

Vorsicht: Schadenfälle von Gegenständen aus dem Privatbesitz eines gemeinsamen Haushalts werden in der Regel nicht übernommen. Paradebeispiel: Ihr Kind stösst die teure Chinavase vom Salontisch... Berufstätige Mütter, die ihre Kinder während der Arbeitszeit in die Obhut von Verwandten geben, sollten mit ihrer Versicherung klären, ob sie dabei bereits von einem gemeinsamen Haushalt ausgeht.

Bei Privathaftpflichtversicherungen sind diverse Zusatzversicherungen für besondere Risiken möglich, beispielsweise für Mieter und Entlehner von Pferden, für Lehrer/innen für Sportlehrer/innen, Jäger/innen, Bergführer/innen usw.

TIPS

• Bei einem Schadenfall sofort die Versicherung benachrichtigen. Dies innerhalb von zwei bis drei Tagen bei einem Sachschaden und innerhalb von 24 Stunden bei einem Todesfall!

• Niemals auf eigene Faust über einen Schaden und seine Wiedergutmachung verhandeln, sondern nur im Wissen und nach Absprache mit der Versicherung. Als Mieter nie selber Handwerker mit der Reparatur beauftragen. Die Versicherung kann sonst Leistungen verweigern oder kürzen.

• Eine gemeinsame Police ist günstiger als zwei einzelne. Dies gilt speziell auch für das Konkubinat, das die meisten Versicherungsgesellschaften heute anerkennen.

Motorfahrzeuge:
Frauen zahlen zuviel

Die Motorfahrzeug-Haftpflichtversicherung ist obligatorisch. Ohne Versicherungsnachweis wird vom Strassenverkehrsamt gar kein Fahrzeugausweis erstellt und keine Nummernschilder ausgegeben.
Zur Zeit bezahlen Frauen und Männer noch dieselben Prämien. Dies könnte sich in ein bis zwei Jahren ändern, wenn nämlich die Versicherungen nicht mehr an einen staatlich festgesetzten Einheitstarif gebunden sind. Frauen verursachen schliesslich weniger Schäden als Männer!

Es ist denkbar, dass die Versicherungen günstigere Angebote für Frauen entwickeln, sobald der Einheitstarif gefallen ist. In Österreich, Grossbritannien und Spanien zahlen Frauen weniger Prämien als die Männer.
Nicht immer lohnt es sich, einen Schaden über die bestehende Versicherung abzuwickeln. Die Schadenhöhe und der damit verbundene Bonusverlust sollten in einem vernünftigen Verhältnis stehen. Fragen Sie Ihre Versicherungsgesellschaft!
Ein Zweitwagen für die Frau sollte grundsätzlich immer auf die Frau eingelöst und versichert werden. Im Falle einer Scheidung oder einer Trennung kann der Versicherungsvertrag mit dem entsprechenden Bonus von der Frau weitergeführt werden.
Wichtig: Füllen Sie nach einem Unfall immer das internationale Unfallprotokoll aus. Geben Sie keine spontanen Schuldgeständnisse ab und akzeptieren Sie auch keine solchen Zugeständnisse vom anderen Unfallbeteiligten. Die Versicherung ist an solche schriftlichen und mündlichen Geständnisse nicht gebunden. Für die Versicherungsexperten kann die Unfallsituation bei fachkundiger Betrachtung völlig anders aussehen als für Sie während der Aufregung unmittelbar nach dem Unfall.
Überlegen Sie es sich gut, ob Sie eine Vollkasko- oder eine Teilkaskoversicherung für Ihr Fahrzeug abschliessen. Eine Vollkaskoversicherung lohnt sich bei neuen und teuren Fahrzeugen. Sie ist jedoch nur mit einem sogenannten Zeitwertzusatz empfehlenswert. Die Versicherung entschädigt in diesem Fall bei einem Totalschaden vom ersten bis zum siebten Versicherungsjahr immer mehr, als das Fahrzeug zur Unfallzeit wert war.

TIPS

• Wenn Sie häufig mit nichterwerbstätigen Kolleginnen unterwegs sind, lohnt sich eine Insassenversicherung. Sie haben sicher unseren Fallbeispielen entnommen, wie lückenhaft nicht erwerbstätige Hausfrauen gegen Unfall versichert sein können.

• Sprechen Sie sich mit Ihrem Ehemann oder Lebenspartner auch im Detail über die Motofahrzeugversicherungen ab.

• Bei einer «Autoteilet» sollten unbedingt eine Vollkaskoversicherung und eine Insassenversicherung abgeschlossen werden, damit keine Versicherungslücken entstehen.

Rechtsschutz: Immer wichtiger im Leben...

Streit ums Auto, Meinungsverschiedenheiten beim Mietzinsaufschlag, Kampf um die Rechte als Patientin oder Arbeitnehmerin, juristische Auseinandersetzung um die Rechte als Opfer eines Gewaltverbrechens: Alles komplizierte Vorgänge, die ohne juristisches Wissen kaum mehr abzuwickeln sind. Deshalb erhalten die Rechtsschutzversicherungen immer grössere Bedeutung.

Rechtsschutzversicherung gleich Rechtsschutz für Probleme rund ums Auto: Dies ist die gängige Meinung. Es ist tatsächlich möglich, nur Verkehrs-Rechtsschutzversicherungen abzuschliessen, doch die Gesellschaften bieten heute globalere Lösungen an, die unter anderem auch einen Patienten-, Arbeitnehmer- und Mieter-Rechtsschutz umfassen. Die Helvetia Versicherungen bieten in einer neuen Versicherung sogar einen Rechtsschutz für Opfer von Gewaltverbrechen an. Dieser Schutz umfasst auch Sexualdelikte an Frauen. Die Opfer erhalten Entschädigungen bei Tod und Invalidität sowie für die Heilungskosten und den erlittenen Schaden. Auch die rechtliche Auseinandersetzung um einen Versicherungsvertrag ist in einigen Rechtsschutzversicherungen eingeschlossen. Ebenso Streitigkeiten um Käufe, Verkäufe, Aufträge und Leasing.

Rechtsschutzversicherungen können in den meisten Fällen sowohl für Singles als auch für Familien abgeschlossen werden. Die Jahresprämien für eine Familienversicherung liegen zwischen 100 und 350 Franken je nach Leistungsumfang, für Singles zwischen 80 und 300 Franken. Die Gesellschaften übernehmen Kosten bis 250 000 Franken pro Versicherungsfall. Dazu gehören Anwaltskosten, Expertisen, Gerichts- und Verfahrenskosten, Prozess- und Parteientschädigungen, Bussen und Entschädigungen für Opfer von Gewaltverbrechen.

TIPS

• Erkundigen Sie sich genau, ob die Versicherung wirklich die freie Wahl des Anwalts gewährt. Bei einigen ist diese eingeschränkt.

• Bringen Sie in Erfahrung, ob bei einer Familienversicherung sämtliche Fahrzeuge (auch Fahrräder und Mofas) eingeschlossen sind, die auf den Namen der versicherten Personen eingelöst sind. Es gibt Gesellschaften, die in der Grundversicherung nur ein einziges Fahrzeug einschliessen.

• Fragen Sie nach der Kündigungsfrist. Sie ist recht unterschiedlich.

• Lassen Sie sich detailliert informieren, was alles versichert ist!

• Erkundigen Sie sich als Konkubinatspaar, ob Sie eine gemeinsame Familien-Rechtsschutzversicherung abschliessen können.

Haustiere: Je teurer die Lieblinge...

Zuguterletzt nicht die wichtigste, aber vielleicht durchaus interessante Versicherung für Ihren Schützling: Für Pferde, Hunde und Katzen können Sie eine Tierversicherung mit allem Drum und Dran abschliessen: Es gibt in der Schweiz eine Gesellschaft, die ausschliesslich Tiere versichert: die EPONA «Allgemeine Tierversicherungsgesellschaft auf Gegenseitigkeit» in Lausanne, gegründet 1901.

Offerte für Ihre wertvolle Kartäuserkatze: 225 Franken Jahresprämie ohne Selbstbehalt für Unfall- oder Krankheitskosten bis 2000 Franken und 200 Franken Prämie für das Todesfallrisiko Ihres inzwischen 2000 Franken werten Lieblings… Je nach Alter des Tieres zahlt die Versicherung im Todesfall zwischen 60 und 80 Prozent der Versicherungssumme aus. Von den anfallenden Tierarzthonoraren vergütet sie 80 Prozent. Kastrierungen und Sterilisationen sind ausgeschlossen. Die EPONA hat in der Schweiz 2000 Katzen «unter Vertrag». Inzwischen haben jedoch auch andere Versicherungsgesellschaften den Tiermarkt entdeckt: Sie schliessen inzwischen auch Unfallbehandlungskosten für Hunde und Katzen in ihren Hausratversicherungen ein, beispielsweise die Helvetia Haushalt. Tierversicherungen sind in erster Linie für teure Zuchtkatzen und Hunde empfehlenswert. Der Markt boomt: Die silbergrauen Kartäuserkatzen mit ihren gelben Augen beispielsweise sind als Jungtiere unter 1400 Franken kaum mehr erhältlich! Die meisten Züchter/innen ersetzen zwar die Kätzchen kostenlos, wenn sie im ersten Lebensjahr sterben sollten. Danach ist der Schaden jedoch recht gross, wenn ein Tier stirbt.

TIPS

• Wenn Sie wertvolle Zuchttiere besitzen, lohnt sich eine Tierversicherung durchaus.

• Sollten Sie beabsichtigen, eine Zucht von Katzen oder Hunden zu eröffnen, ist eine Tierversicherung unabdingbar.

• Wenn Sie mit Ihrem Liebling regelmässig zu Ausstellungen im In- und Ausland fahren, kann eine Tierversicherung das zusätzliche Gesundheits- und Unfallrisiko ihrer Katze gut abdecken.

Die Vorsorge ist im Erbrecht privilegiert

Wer «erbt» die Pensionskassengelder oder andere Ersparnisse aus der Vorsorge? Wer hat bei einem Todesfall Ansprüche an die Pensionskasse oder an eine gebundene Vorsorge? Wichtige Fragen, die der Gesetzgeber klar beantwortet. Vorsorge-Versicherungen sind erbrechtlich bevorzugt. Ehegatten und Nachkommen geniessen einen besonderen Schutz. Sie kommen auch dann in den Genuss von Versicherungsleistungen, wenn der Nachlass des Verstorbenen überschuldet ist.

Am stärksten privilegiert ist die klassische Lebensversicherung im Rahmen einer freien Vorsorge (Säule 3b). Wichtig ist, dass beispielsweise die Ehefrau und/oder die Kinder ausdrücklich begünstigt werden. Die Begünstigten erhalten die Versicherungssumme in der Regel selbst dann vollumfänglich ausbezahlt, wenn sie das Erbe infolge Überschuldung des Verstorbenen ausschlagen müssen.

Begünstigt werden kann grundsätzlich jedermann. Es müssen nicht Verwandte sein. Dies ist im Konkubinat von Bedeutung.

Wenn niemand begünstigt ist, gilt das Erbrecht. Falls die Erbschaft überschuldet ist, haben die Erben allerdings das Nachsehen: Dann fällt die Versicherungssumme ganz oder teilweise an die Gläubiger. Dasselbe gilt, wenn die Police verpfändet war. Gläubiger erhalten allerdings nur die geschuldete Summe, der Rest geht an die Erben.

Anders ist die Begünstigung bei der gebundenen Vorsorge geregelt. Wenn der Ehemann stirbt, erben in erster Linie die Ehefrau und die Kinder sowie Pflegekinder. Dies gilt für alle Kapitalauszahlungen. Bei Singles ohne Kinder gilt das Erbrecht: In erster Linie erben die Eltern, in zweiter die Geschwister, hernach die übrigen Erben. Bei Pensionskassen kann das Reglement eine andere Begünstigungsordnung festlegen. Hier können zum Teil Konkubinatspartner ausdrücklich begünstigt werden.

TIPS

• Begünstigungen in Lebensversicherungspolicen können jederzeit geändert werden. Entweder durch eine schriftliche Mitteilung an die Versicherungsgesellschaft oder durch ein Testament. Wenn die Begünstigung in einem Testament festgelegt wird, ist es ratsam, die Gesellschaft zu verständigen. So können Erbschaftsdiskussionen vermieden werden.

• Lassen Sie sich bei einer Scheidung nicht von einer Begünstigung blenden. Der Ex-Mann kann sie jederzeit wieder ändern, sofern sie nicht unwiderruflich ist. Treffen Sie lieber eine güterrechtliche Regelung. Lassen Sie sich beispielsweise die Hälfte des Rückkaufswertes der Lebensversicherung zum Zeitpunkt der Scheidung für Ihre eigene Vorsorge auszahlen.

Fünf Checklisten
für alle Fälle

Was ist zu tun, wenn ein Partner stirbt? Welche Vorkehrungen müssen getroffen werden vor einer Heirat oder vor einem Konkubinat? Was ist zu unternehmen bei einer Scheidung? Woran ist zu denken vor einer Geburt? Fünf Checklisten mit wichtigen Merkpunkten sollen den Durchblick ermöglichen. Wichtig ist, dass die Checklisten rechtzeitig zusammengestellt und zu den Versicherungsunterlagen gelegt werden.

TODESFALL

- Alle Versicherungspolicen sollten in einem Ordner aufbewahrt werden.

- Jeder Ehepartner, Konkubinatspartner oder sonst eine Bezugsperson muss wissen, wo er aufbewahrt ist.

- Jeder Ordner sollte eine Liste enthalten, auf der detailliert festgehalten ist, was in einem Todesfall zu unternehmen ist.

- Diese Checkliste umfasst folgende Punkte:

  - Adresse und Telefonnummer Hausarzt zur Ausstellung des ärztlichen Todeszeugnisses
  - Adresse und Telefonnumer Zivilstandsamt/Einwohnerkontrolle zur Ausstellung des amtlichen Todesscheins
  - Adressen und Telefonnummern der privaten Versicherungen und der Pensionskassen
  - Adressen und Telefonnummern der Kantonalen Ausgleichskasse und der AHV-Zweigstelle der Gemeinde

- Damit die Leistungen der Risiko- und der Lebensversicherungen sowie der Pensionskassen ausbezahlt werden, müssen folgende Unterlagen eingereicht werden:

  - Original-Police (Fotokopie für sich selbst erstellen)
  - Amtlicher Todesschein
  - Ärztliches Todeszeugnis
  - Bei Unfall Polizeibericht

- Weiter ist folgendes zu veranlassen:

  - Krankenkasse kündigen
  - Eventuell Halterwechsel Auto vornehmen
  - Eventuell Haushaltversicherung anpassen, wenn in eine kleinere Wohnung umgezogen wird

- Witwen- und Waisenrenten müssen beantragt werden – Anmeldeformular «Hinterlassenen-Renten» bei der AHV-Ausgleichskasse oder AHV-Zweigstelle Gemeinde einfordern

- Musterbrief für Versicherungen der Checkliste beilegen

HEIRAT

- Sofort Versicherungsschutz «Hausrat und Privathaftpflicht» regeln. Nur je einen Vertrag abschliessen, aber beide Personen als Antragsteller angeben, damit bei einer späteren Scheidung der Treuebonus oder der Schadenfreiheitsrabatt nicht verlorengeht.

- Begünstigungsklauseln von Lebens- und Risikoversicherungen überprüfen und anpassen.

- Bis fünf Jahre nach der Heirat werden noch keine Witwenrenten ausbezahlt, sofern keine Kinder da sind, lediglich einmalige Witwenabfindungen. Vorsorgeschutz privat entsprechend anpassen.

- Pensionskassenreglemente gemeinsam genau studieren. Wenn die Ehefrau die Erwerbstätigkeit aufgibt, Pensionskasse nicht auszahlen lassen, sondern auf einem Freizügigkeitskonto anlegen.

- Bei Aufgabe der Erwerbstätigkeit der Frau sofort Versicherungsschutz bei Krankheit und Unfall regeln. Möglichst rasch Taggeld bei der Krankenkasse versichern.

- Empfehlenswert ist eine Gesamtberatung durch Ihren Versicherungsberater. Diese gibt einen genauen Überblick über den vorhandenen Versicherungsschutz, über allfällige Überversicherungen und Deckungslücken.

KONKUBINAT

- Hausrat- und Privathaftpflichtversicherungen möglichst bald gemeinsam abschliessen. Dadurch können beide von günstigeren Prämien profitieren.

- Bei einer Auflösung des Konkubinats kommen beide in den Genuss von Schadenfreiheitsrabatten- oder Treuebonussen.

- Mietverträge unbedingt gemeinsam unterzeichnen. Erwirkt bei Pensionskassen teilweise das Recht auf Begünstigungen!

- Versicherungsverträge für die persönliche Vorsorge (Alter, Invalidität, vorübergehende Erwerbsunfähigkeit) ohne Berücksichtigung von Versicherungsleistungen des Partners abschliessen. Es besteht grundsätzlich kein Recht auf Hinterlassenenleistungen.

- Den Pensionskassen und Versicherungsgesellschaften (3. Säule) unbedingt schriftlich mitteilen, dass man den Partner oder die Partnerin so weit als möglich begünstigen möchte.

- Wenn ein Konkubinatspartner die Erwerbstätigkeit aufgibt, unbedingt AHV-Mindestbeitrag entrichten.

- Eine klare schriftliche Vereinbarung über die Aufteilung der Haushaltskosten und des gemeinsamen Hausrats ist bei einem Todesfall oft mitentscheidend für Ansprüche aus Testament und Vorsorgeeinrichtungen der 2. und 3. Säule.

SCHEIDUNG

- Sofort Versicherungsschutz «Hausrat und Privathaftpflicht» regeln. Entweder bestehende Verträge «aufteilen» oder neuen Antrag stellen. Abmachen, wer in den Genuss allfälliger Treuebonusse und Schadenfreiheitsrabatte gelangt.

- Sofort neuen Vorsorgebedarf (Taggelder, Risikoversicherungen gegen Tod und Invalidität, Altersleistungen) mit seinem Versicherungsberater besprechen.

- Lebensversicherung: Sich nicht auf eine Begünstigung durch den Ehemann verlassen, sondern eine güterrechtliche Regelung suchen. Beispielsweise durch eine Auszahlung der Hälfte des Rückkaufswertes der Lebensversicherung.

- Anwartschaft auf die Pensionskasse des Mannes regeln, am besten durch eine hälftige Aufteilung der momentanen Freizügigkeitsleistungen. Gegebenenfalls den Anwalt darauf aufmerksam machen.

- Weil bestehende Testamente, Ehe- und Erbverträge, in denen ein Gatte bedacht wird, von Gesetzes wegen dahinfallen, müssen neue Testamente und Erbverträge erstellt werden, wenn der Mann seiner früheren Frau etwas vermachen möchte.

- Alle Versicherungspolicen mitnehmen, die die eigene Unterschrift tragen, mindestens Kopien davon.

- Wenn der frühere Ehemann stirbt, dies sofort bei der zuständigen AHV-Ausgleichskasse (letzte beiden Seiten Telefonbuch) melden und allfällige Rentenleistungen beantragen.

GEBURT

- Sich spätestens bei Schwangerschaftsbeginn beim Arbeitgeber erkundigen, wie die Lohnfortzahlung bei Schwangerschaft geregelt ist.

- Erhöhungen des Versicherungsschutzes für die Mutter vor der Schwangerschaft bei der Krankenkasse beantragen. Während der Schwangerschaft ist dies nicht möglich.

- Das Kind vor der Geburt bei der Krankenkasse anmelden. Sie muss es dann vorbehaltlos aufnehmen. Bei einer Anmeldung nach der Geburt besteht das Risiko von Vorbehalten, wenn das Baby einen Geburtsfehler aufweist.

- Die Versicherungsdeckung für das Kind vorübergehend jener für die Mutter anpassen (vor allem bei halbprivater und privater Deckung). Lässt sich die Mutter nämlich in einem Privatspital entbinden, wird ein krankes Baby zu den jeweiligen Privat- und Halbprivattarifen behandelt! Nach dem Aufenthalt in der Geburtsklinik kann die Deckung des Kindes ohne weiteres auf eine allgemeine reduziert werden.

- Sich bei der Krankenkasse erkundigen, wie viele Kontrolluntersuchungen vor und nach der Geburt bezahlt werden.

Ausblick: Es bleibt noch viel zu tun

Frau und Versicherung: Vieles kann eine Frau selber in die Hand nehmen, vieles nicht. Zuviel bleibt dem Gesetzgeber und damit der Politik überlassen. Und da stehen die Zeichen momentan nicht auf soziale Verbesserungen, eher auf sozialen Abbau. Wesentliche Frauenforderungen sollten jedoch trotzdem in den nächsten Jahren erfüllt werden. In erster Linie muss in der Sozialversicherung die Haushaltarbeit der entlöhnten Arbeit gleichgestellt werden.

AHV:
Treten an Ort

Die 10. AHV-Revision steht an. Sie ist einmal mehr blockiert. Die Politiker können sich nicht einigen, ob ein Rentensplitting die Frauen besser stellt oder eine Einheitsrente. Mit einem Abschluss der 10. AHV-Revision ist kaum vor 1996 zu rechnen.
Das Splitting-Modell brächte auch den Ehefrauen einen eigenständigen Rentenanspruch. Er würde auf den eigenen Beiträgen beruhen. Während der Ehe einbezahlte AHV-Beiträge von Mann und Frau würden hälftig auf die Konten des Ehemannes und der Ehefrau verteilt. Der gordische Knoten wäre ebenfalls durchschlagen: Hausarbeit und entlöhnte Arbeit wären nach diesem Modell gleichwertig.
Die Einheitsrente wäre für alle Rentnerinnen und Rentner gleich hoch. Mit anderen Worten: Massgebend für die Rentenberechnung wären nur noch die Beitragsjahre. Die Höhe der Beiträge würde keine Rolle mehr spielen. Damit wären ebenfalls einige krasse Ungerechtigkeiten ausgeschaltet. Die Einheitsrente müsste allerdings im Bereich der einfachen Maximalrente von 1880 Franken angesiedelt werden, damit der Verfassungsanspruch der Existenzsicherung durch die AHV gewährt ist. Allerdings hätte die Realisierung eines solchen Modells ziemlich sicher eine Erhöhung der Beiträge zur Folge. Experten sprechen von 1,25 Lohnprozenten zusätzlich.
Das veränderte Rollenbild bei der Haushalt- und Erziehungsarbeit muss zwangsläufig auch zur Witwerrente in der AHV führen, sonst entstehen bei den Hausmännern je länger je mehr dieselben Ungerechtigkeiten wie heute noch bei den Hausfrauen.
Bleibt das Rentenalter für Frauen: Der politische Druck für eine Erhöhung auf 64 Jahre ist enorm. Die absehbare Entwicklung, dass ab 2005 eine immer grösser werdende Eltern- und Grosselterngeneration durch eine immer kleiner werdende Kinder- und Enkelkindergeneration «finanziert» werden muss, verstärkt diesen Druck noch zusätzlich.

2. Säule:
Scheidung besser berücksichtigen

Etwas schneller sollten Verbesserungen für die Frauen bei der 2. Säule möglich sein. Das neue Freizügigkeitsgesetz dürfte Anfang 1995 in Kraft treten. Dann entfällt endlich die Möglichkeit der Barauszahlung der Freizügigkeitsleistung an verheiratete Frauen, die ihre Erwerbstätigkeit aufgeben. Die Einzahlung auf ein Vorsorgekonto bei der Bank oder eine Freizügigkeitspolice bei der Versicherung wird dann gesetzliche Pflicht.

Im Freizügigkeitsgesetz wird auch die Anwartschaft einer geschiedenen Frau auf die während der Ehe angesammelten Pensionskassengelder des Mannes geregelt. Auf richterlichen Beschluss können sie hälftig zwischen Mann und Frau aufgeteilt werden. Diese Freizügigkeitsleistungen für die Frau müssen allerdings in eine neue Pensionskasse fliessen oder auf ein Vorsorgekonto, respektive eine Freizügigkeitspolice einbezahlt werden.

Die Regelung gilt auch, wenn beide gearbeitet haben: Dann werden beide Freizügigkeitsleistungen zusammengezählt und hälftig auf die beiden Pensionskassen aufgeteilt. Es handelt sich dabei um eine sogenannte «Kann-Regelung», die ausdrücklich nur durch einen Richterspruch Anwendung findet. Diese Bestimmung wird auch im neuen Scheidungsgesetz aufgenommen.

3. Säule:
Helfen Hausfrauenlöhne weiter?

Schliesslich die 3. Säule: Hier sind die Steuerabzüge für die gebundene Vorsorge 3a reformbedürftig. Es ist stossend, dass erwerbstätige Hausfrauen nicht in den Genuss dieser Steuerabzüge gelangen. Es wäre interessant zu wissen, ob diese Bestimmung aus dem BVG vor dem Bundesgericht überhaupt standhalten würde. Vielleicht würde dieses Problem aus der Welt geschafft, wenn die Ehemänner den Hausfrauen feste Löhne zahlen müssten, auf denen gleichzeitig die AHV abgerechnet würde...

Krankenversicherung:
Taggeld für Frauen

Bleibt die Krankenversicherung: Die staatlichen Eingriffe gegen die Prämienexplosionen beginnen zu greifen. Das zur Zeit diskutierte neue Krankenversicherungsgesetz kommt den Frauen noch zuwenig entgegen. Stossend ist vor allem die immer noch fehlende obligatorische Taggeldversicherung für Hausfrauen. Dringend notwendig ist auch eine neue Mutterschaftsversicherung mit einem umfassenden Mutterschaftsschutz für alle Mütter, insbesondere für alleinerziehende, erwerbstätige Mütter.

Bessere Koordination in weiter Ferne

Ein grosser Brocken ist schliesslich die bessere Koordination der verschiedenen Sozialversicherungszweige. Hauptproblem: Die krassen Leistungsunterschiede zwischen der krankheitsbedingten und der unfallbedingten Invalidität. Doch hier ist noch keine Besserung in Sicht.

Die politische Diskussion dürfte in den nächsten Jahren vermehrt auch über die «Drei-Säulen-Konzeption» geführt werden. Die ungerechte Behandlung der Frauen in der Sozialversicherung könnte auch durch eine Stärkung der 1. Säule gegenüber der 2. Säule erreicht werden. Konkret: Alle Renten der 1. Säule würden erhöht (Existenzsicherung). Gleichzeitig würde der Koordinationsabzug bei den Pensionskassen massiv heraufgesetzt.

ABKÜRZUNGSVERZEICHNIS

AHV   Alters- und Hinterlassenenversicherung

ALV   Arbeitslosenversicherung

BVG   Bundesgesetz über die berufliche Alters-, Hinterlassenen- und Invalidenvorsorge

EO   Erwerbsersatzordnung

IV   Invalidenversicherung

KUVG Bundesgesetz über die Kranken- und Unfallversicherung

SUVA Schweizerische Unfallversicherungsanstalt

UVG   Bundesgesetz über die Unfallversicherung

WICHTIGE ADRESSEN

Versicherungs-Information
Bubenbergplatz 10
Postfach 8761
3001 Bern
Telefon 031/311 26 93

AHV-Ausgleichskassen
siehe Telefonbuch, letzte zwei Seiten

Stiftung Auffangeinrichtung BVG
Geschäftsstelle
Postfach 4338
8022 Zürich
Telefon 01/284 44 36

Ombudsmann der Privatversicherung
Kappelergasse 15
Postfach 4414
8022 Zürich
Telefon 01/211 30 90

Konkordat der Schweizerischen Krankenkassen
Römerstrasse 20
Postfach
4502 Solothurn
Telefon 065/20 42 04

SUVA
Schweizerische Unfallversicherungsanstalt
Fluhmattstrasse 1
Postfach
6002 Luzern
Telefon 041/21 51 11

Eidg. Büro für die Gleichstellung von Frau und Mann
Eigerplatz 5
Postfach
3000 Bern 6
Telefon 031/322 68 43

AUF
Verein Arbeitsgemeinschaft unverheirateter Frauen
Postfach 138
8053 Zürich